汽车导航维修从入门到精通

李彦 著

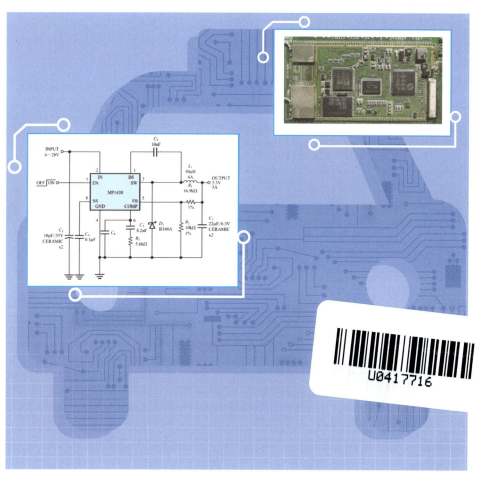

化学工业出版社

·北京·

内容简介

本书介绍了汽车导航系统的组成、原理和作用，包括汽车导航机 7 种分离元器件（电阻、二极管、电容、三极管、场效应管、电感、晶振）的常见用法及测量方法，导航系统各类集成芯片的型号、作用、原理、电路特点、引脚定义、参考原理图及其在导航板上的实际位置等，以及导航机的数据刷写流程和插卡刷写流程，并结合一线车间真实维修案例，阐述了汽车导航系统常见故障诊断与维修的基本思路及处理方法。

全书内容均为作者原创，以彩图为主，辅以简洁的文字进行介绍，较复杂的内容配套教学视频讲解，新颖、直观、实用，适合汽车维修技术人员阅读，也可供汽车维修技术初学者自学使用以及作为职业院校、培训学校汽车相关专业人员的培训教材，对汽车维修感兴趣的私家车主和汽车驾驶员也可参阅。

图书在版编目（CIP）数据

汽车导航维修从入门到精通 / 李彦著. —北京：化学工业出版社，2023.2
ISBN 978-7-122-42530-0

Ⅰ.①汽… Ⅱ.①李… Ⅲ.①汽车-全球定位系统-车辆修理 Ⅳ.① U463.67

中国版本图书馆 CIP 数据核字（2022）第 208776 号

责任编辑：黄 滢　　　　　　　　　　　装帧设计：王晓宇
责任校对：赵懿桐

出版发行：化学工业出版社（北京市东城区青年湖南街13号　邮政编码100011）
印　　装：北京宝隆世纪印刷有限公司
710mm×1000mm　1/16　印张12　字数157千字　2023年3月北京第1版第1次印刷

购书咨询：010-64518888　　　　　　　　售后服务：010-64518899
网　　址：http://www.cip.com.cn

凡购买本书，如有缺损质量问题，本社销售中心负责调换。

定　价：99.00元　　　　　　　　　　　　　　　版权所有　违者必究

前言 PREFACE

汽车导航系统由一系列功能强大的电子控制模块、集成电路和各种芯片组成，导航机上集成了各种复杂的电子元器件，汽车导航出故障时检测和确定故障范围难度都很大，属于相对复杂的汽车维修项目，一般维修人员不容易掌握，需要进行系统的理论知识学习和技能训练。

然而，据笔者长期从事汽车维修培训和教学的经验来看，绝大多数的汽车维修入门人员，由于对汽车导航系统的基本原理、构造等理论知识还缺乏深入的理解，对汽车导航维修的要领和技巧也缺乏系统的掌握，不能很好地驾驭，给维修工作带来困难。因此，他们还需要有相关的理论书籍做指导，进一步提升理论知识和加强维修实践操作技能。为了帮助这类人员快速适应汽车维修工作岗位的需求，在化学工业出版社的组织下，笔者特编写了本书。

本书内容共分9章，分别介绍了汽车导航机4大组成部分，即主板、导航板、显示板和机芯板的作用和原理；导航机7种分离元器件，即电阻、二极管、电容、三极管、场效应管、电感和晶振，介绍其电路符号、测量方法及其在汽车导航机上的应用等相关知识和技能；汽车导航系统中的20余种集成芯片，即电源芯片、功放芯片、音视频切换芯片、运放芯片、MCU芯片、显示芯片、背光升压芯片、正负压芯片、触摸芯片、缓存芯片、解码芯片、机芯数据芯片、记忆芯片、驱动芯片等，重点介绍这些芯片的引脚定义、型号、特点、工作原理和参考原理图等；还介绍了汽车导航3大模块，即收音机模块、蓝牙模块和导航模块的特征、组成、型号及原理框图等；最后结合典型案例，阐述了汽车导航系统常见故障诊断与维修的基本思路及处理方法。

本书为全彩色印刷，编写过程中努力做到图片精美丰富、内容浅显易懂，力求既适合初中级汽车维修工、汽车电工使用，也可作为汽车类职业技术院校师生教学和自学的参考书及相关企业的培训用书。

本书由重庆机电职业技术大学李彦著，全书内容均为原创，且书中所涉及的案例均来自笔者在多年来进行汽车维修培训、教学过程中所遇到的一线车间真实维修案例，能够做到数据准确可靠。

限于笔者水平，书中疏漏之处在所难免，恳请广大读者批评指正。

著　者

目录

第 1 章
导航机 4 大电路板与尾插

1.1　导航主板　/ 002

1.2　导航板　/ 002

1.3　显示板　/ 003

1.4　机芯板　/ 004

1.5　导航机尾插　/ 004

第 2 章
导航机 7 种分离元器件

2.1　电阻　/ 007

    2.1.1　电阻在汽车电子电路中的作用与原理　/ 007

    2.1.2　汽车导航机贴片电阻　/ 007

    2.1.3　确定汽车导航机电阻值的 5 种常用方法　/ 008

2.2　二极管　/ 012
　　2.2.1　二极管的作用　/ 012
　　2.2.2　二极管在汽车导航机中的 4 种常见用法　/ 013

2.3　电容　/ 017
　　2.3.1　电容的定义、符号和单位　/ 017
　　2.3.2　电容的 4 种作用　/ 018
　　2.3.3　电容在汽车导航机中的 4 种常见用法　/ 020

2.4　三极管　/ 024
　　2.4.1　认识三极管　/ 024
　　2.4.2　三极管的电源接法　/ 024
　　2.4.3　三极管的电流分配关系　/ 026
　　2.4.4　三极管的放大作用　/ 027
　　2.4.5　三极管的 3 种状态　/ 028
　　2.4.6　三极管在汽车导航机上的应用　/ 029

2.5　场效应管　/ 030
　　2.5.1　认识汽车导航机上的场效应管　/ 030
　　2.5.2　场效应管的种类及其电路符号　/ 031
　　2.5.3　场效应管的工作原理　/ 032
　　2.5.4　场效应管在汽车导航机上的应用　/ 034

2.6　电感　/ 035
　　2.6.1　认识汽车导航机电感　/ 035
　　2.6.2　电感的分类与结构　/ 038

目录

  2.6.3 电感与滤波电容的区别 / 040

  2.6.4 电感的工作原理 / 041

  2.6.5 电感在开关电源中的应用 / 042

  2.6.6 共模电感 / 043

  2.6.7 电感在汽车导航机上的应用 / 044

2.7 晶振 / 045

  2.7.1 认识汽车导航机晶振 / 045

  2.7.2 晶振的分类 / 048

  2.7.3 晶振的 3 种特殊测量方法 / 048

第 3 章　导航机电源芯片

3.1 导航机电源芯片电路特点 / 051

3.2 电源芯片 7805/7809 / 051

3.3 电源芯片 1507 / 052

3.4 电源芯片 MP1584 / 054

  3.4.1 电源芯片 MP1584 引脚定义 / 054

  3.4.2 电源芯片 MP1584 引脚说明 / 054

  3.4.3 电源芯片 MP1584 参考原理图 / 056

  3.4.4 电源芯片 MP1584 在汽车导航机上的实际定义说明 / 057

3.5 电源芯片 MP1430 / 057

3.5.1　电源芯片 MP1430 引脚定义　/ 057

3.5.2　电源芯片 MP1430 参考原理图　/ 057

3.5.3　电源芯片 MP1430 在汽车导航机上的实际定义说明　/ 059

3.5.4　常见导航机中开关电源与电源芯片 MP1430 实际控制电路　/ 059

3.6　电源芯片 MP2303　/ 060

3.6.1　电源芯片 MP2303 引脚定义　/ 061

3.6.2　电源芯片 MP2303 参考原理图　/ 061

3.6.3　电源芯片 MP2303 在汽车导航机上的实际定义说明　/ 062

3.7　电源芯片 LSP5502　/ 063

3.7.1　电源芯片 LSP5502 引脚定义　/ 064

3.7.2　电源芯片 LSP5502 在汽车导航机上的实际定义说明　/ 064

第 4 章 导航主板

4.1　主板供电电源　/ 066

4.1.1　主板输出 12V 电源的 2 种控制方式　/ 066

4.1.2　主板常见故障分析　/ 067

4.2　MCU 供电电源芯片的 3 种供电方式　/ 067

4.3　显示板供电电源　/ 070

4.4　机芯板供电电源　/ 070

目录

4.5 功放芯片 / 070

  4.5.1 功放芯片的作用 / 070

  4.5.2 功放芯片参考原理图 / 071

  4.5.3 功放芯片引脚说明 / 071

  4.5.4 静音脚的 2 种控制方式 / 073

  4.5.5 功放芯片常见故障分析 / 074

4.6 前置音频切换芯片 / 075

  4.6.1 前置音频切换芯片的作用 / 075

  4.6.2 前置音频切换芯片的 2 种位置布置方式 / 075

  4.6.3 前置音频切换芯片参考原理图（导航模块内） / 077

  4.6.4 前置音频切换芯片引脚定义 / 078

  4.6.5 前置音频切换芯片参考原理图（功效芯片前端） / 080

  4.6.6 前置音频切换芯片供电 / 080

  4.6.7 前置音频切换芯片框图 / 080

  4.6.8 前置音频切换芯片常见故障分析 / 083

4.7 运放芯片 / 083

  4.7.1 运放芯片的作用 / 083

  4.7.2 运放芯片的型号 / 083

  4.7.3 运放芯片 / 083

  4.7.4 运放芯片参考原理图 / 083

  4.7.5 运放芯片在汽车导航中的实际运用 / 084

  4.7.6 运放芯片的 2 种位置布置方式 / 084

4.7.7 导航机中运放芯片参考原理图 / 086

4.7.8 运放芯片常见故障分析 / 088

4.8 音频切换辅助芯片 / 088

4.8.1 音频切换辅助芯片的作用 / 088

4.8.2 音频切换辅助芯片的型号 / 088

4.8.3 音频切换辅助芯片的位置布置 / 089

4.8.4 音频切换辅助芯片参考原理图 / 089

4.8.5 音频切换辅助芯片框图 / 089

4.8.6 音频切换辅助芯片常见故障分析 / 089

4.9 视频切换辅助芯片 / 092

4.9.1 视频切换辅助芯片的作用 / 092

4.9.2 视频切换辅助芯片的型号 / 093

4.9.3 视频切换辅助芯片引脚说明 / 093

4.9.4 视频切换辅助芯片的位置布置 / 095

4.9.5 视频切换辅助芯片参考原理图 / 095

4.9.6 视频切换辅助芯片框图 / 095

4.9.7 视频切换辅助芯片常见故障分析 / 096

4.10 收音机模块 / 097

4.10.1 收音机模块的作用 / 097

4.10.2 收音机模块的位置布置 / 097

4.10.3 收音机模块框图 / 098

4.10.4 收音机模块常见故障分析 / 098

目录

4.11　蓝牙模块　/ 099

 4.11.1　蓝牙模块的作用　/ 099

 4.11.2　蓝牙模块的 3 种位置布置方式　/ 099

 4.11.3　蓝牙模块的特征　/ 101

 4.11.4　蓝牙模块框图　/ 101

 4.11.5　蓝牙模块常见故障分析　/ 101

4.12　MCU 芯片　/ 102

 4.12.1　MCU 芯片的型号及特征　/ 102

 4.12.2　MCU 芯片的 5 大作用　/ 104

 4.12.3　MCU 芯片控制开关机的必备元器件　/ 107

4.13　MCU 记忆芯片　/ 108

 4.13.1　MCU 记忆芯片的作用　/ 108

 4.13.2　MCU 记忆芯片的型号及位置布置　/ 108

 4.13.3　MCU 记忆芯片常见故障分析　/ 109

第 5 章　导航显示部分

5.1　显示板供电　/ 111

 5.1.1　显示板供电电源芯片　/ 111

 5.1.2　显示板供电电源芯片常见故障分析　/ 111

5.2　显示芯片供电　/ 112

5.2.1　显示芯片供电电源芯片　/ 112

　　　5.2.2　显示芯片供电电路　/ 112

　　　5.2.3　显示芯片供电常见故障分析　/ 113

5.3　显示芯片　/ 114

　　　5.3.1　显示芯片的作用　/ 114

　　　5.3.2　显示芯片常见型号　/ 114

　　　5.3.3　显示芯片的位置布置　/ 114

　　　5.3.4　显示芯片常见故障分析　/ 114

5.4　背光电路　/ 115

　　　5.4.1　背光电路的作用　/ 115

　　　5.4.2　背光升压芯片的型号　/ 116

　　　5.4.3　背光升压芯片的位置布置及特点　/ 116

　　　5.4.4　背光升压电路　/ 116

　　　5.4.5　背光升压芯片常见故障分析　/ 116

5.5　正负压电路　/ 117

　　　5.5.1　正负压电路的作用　/ 117

　　　5.5.2　正负压芯片的型号　/ 117

　　　5.5.3　正负压芯片的4大特征　/ 118

　　　5.5.4　显示屏正负供电电路　/ 118

　　　5.5.5　正负压芯片常见故障分析　/ 118

5.6　液晶显示屏　/ 119

　　　5.6.1　液晶显示屏的作用　/ 119

5.6.2　液晶显示屏的尺寸　/ 119

5.6.3　液晶显示屏常见故障分析　/ 121

5.6.4　背光灯管　/ 121

5.6.5　触摸屏　/ 121

5.6.6　触摸芯片　/ 122

5.6.7　触摸屏常见故障分析　/ 122

第 6 章　导航机芯部分

6.1　机芯板电源芯片　/ 126

6.1.1　机芯板电源芯片的作用　/ 126

6.1.2　机芯板电源芯片的型号　/ 127

6.1.3　机芯板电源芯片常见故障　/ 127

6.2　解码芯片　/ 128

6.2.1　解码芯片的作用　/ 128

6.2.2　解码芯片的型号　/ 128

6.2.3　解码芯片框图　/ 129

6.2.4　解码芯片常见故障分析　/ 129

6.3　缓存芯片　/ 130

6.3.1　缓存芯片的作用　/ 130

6.3.2　缓存芯片的型号　/ 130

6.3.3　缓存芯片框图　/ 130

6.3.4 缓存芯片常见故障分析 / 132

6.4 机芯数据芯片 / 132

6.4.1 机芯数据芯片的作用 / 132

6.4.2 机芯数据芯片的型号 / 132

6.4.3 机芯数据芯片常见故障分析 / 133

6.5 解码芯片的记忆芯片 / 133

6.5.1 解码芯片的记忆芯片的作用 / 133

6.5.2 解码芯片的记忆芯片的型号 / 133

6.5.3 解码芯片的记忆芯片常见故障分析 / 134

6.6 电机驱动芯片 / 134

6.6.1 电机驱动芯片的作用 / 134

6.6.2 电机驱动芯片的型号 / 135

6.6.3 电机驱动芯片引脚定义 / 135

6.6.4 电机驱动芯片常见故障分析 / 135

6.7 激光头 / 137

6.7.1 激光头的型号 / 137

6.7.2 激光头常见故障 / 137

第 7 章 导航模块

7.1 方易通导航模块 / 140

7.1.1 方易通导航模块的特征 / 140

7.1.2 方易通导航模块的组成 / 140

7.1.3 方易通导航模块的型号 / 140

7.2 MT3360 导航模块 / 141

7.2.1 MT3360 导航模块的特征 / 141

7.2.2 MT3360 导航模块的组成 / 142

7.3 浩科导航模块 / 143

7.3.1 浩科导航模块的型号 / 143

7.3.2 浩科导航模块的特征 / 143

7.3.3 浩科导航模块的组成 / 144

第 8 章 导航机数据刷写

8.1 48 引脚数据芯片刷写流程 / 146

8.1.1 数据读取过程 / 146

8.1.2 数据写入过程 / 150

8.2 插卡刷写流程 / 152

第 9 章 导航常见故障维修思路及处理方法

9.1 维修不开机：5 状态 +1 条件 / 157

9.1.1　无电流状态下不开机　/ 157

9.1.2　关机状态下不开机　/ 158

9.1.3　待机状态下不开机　/ 160

9.1.4　已经处于开机状态但黑屏不显示　/ 160

9.1.5　大电流状态下不开机　/ 163

9.1.6　MCU 正常开机工作的条件　/ 163

9.2　导航没声音　/ 164

9.2.1　功放导致无声音　/ 164

9.2.2　功放芯片部分导致无声音　/ 164

9.2.3　静音部分导致无声音　/ 164

9.3　导航没图像　/ 165

9.3.1　如果保险与外壳短路　/ 165

9.3.2　如果保险与外壳不短路　/ 165

9.4　漏电　/ 165

9.4.1　漏电但可以开机　/ 165

9.4.2　漏电同时不开机　/ 165

9.5　白屏　/ 165

9.5.1　白屏有声音　/ 165

9.5.2　白屏无声音　/ 166

9.6　GPS 不接收卫星信号　/ 167

9.7　导航黑屏但有声音　/ 167

9.8　收音机或蓝牙用不了　/ 167

9.9　导航没有触摸或触摸偏　/ 168

目录

9.10　没有倒车影像　/ 169

　　9.10.1　换挡图像不切换　/ 169

　　9.10.2　无信号或者灰屏　/ 169

9.11　导航模块搜不到卫星信号　/ 169

9.12　导航所有按键失效　/ 169

附录

第1章

导航机4大电路板与尾插

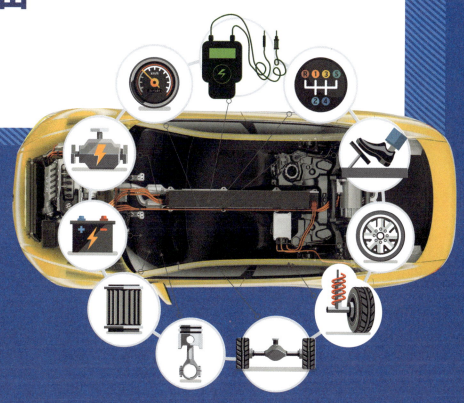

导航机由四大块电路板组成：导航主板、导航板、显示板和机芯板。下面介绍各功能电路板的作用。

1.1　导航主板

如图1-1所示，导航主板主要用于控制各功能信号、供电以及进行声音、收音机信号处理等。

图1-1　导航主板

1.2　导航板

如图1-2所示，导航板是核心板，也叫导航模板，是开机图标主菜单界面和各功能界面视频产生的源头。

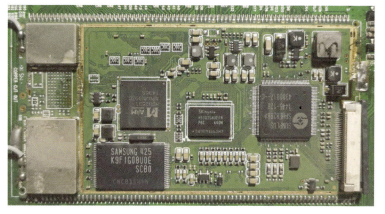

图 1-2　导航板

1.3　显示板

如图 1-3 所示，显示板用来接收导航板、机芯板、摄像头送过来的视频信号，并转换成电信号来驱动液晶屏，把前面送过来的视频显示出来。

图 1-3　显示板

1.4 机芯板

如图 1-4 所示，机芯板用于控制读碟、读 SD 卡、读 U 盘。不装机芯板不会影响整个导航系统的正常运行。

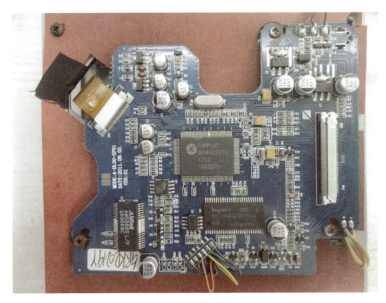

图 1-4　机芯板

1.5 导航机尾插

导航机尾插如图 1-5 所示，其说明如下。

❶ 粗黄色线：常电源（B+，BATT），记忆电源。
❷ 粗黑色线：负极（GND）。
❸ 红色线：ACC 线。
❹ 橙色线：小灯线（接 12V，背光亮）。
❺ 白色线：左前喇叭（+）［FL（+）］，电压为 6V 左右。
❻ 白/黑色线：左前喇叭（-）［FL（-）］，电压为 6V 左右。

图 1-5　导航机尾插

❼ 灰色线：右前喇叭（+）[FR（+）]，电压为 6V 左右。

❽ 灰/黑色线：右前喇叭（-）[FR（-）]，电压为 6V 左右。

❾ 绿色线：左后喇叭（+）[RL（+）]，电压为 6V 左右。

❿ 绿/黑色线：左后喇叭（-）[RL（-）]，电压为 6V 左右。

⓫ 紫色线：右后喇叭（+）[RR（+）]，电压为 6V 左右。

⓬ 紫/黑色线：右后喇叭（-）[RR（-）]，电压为 6V 左右。

⓭ 蓝色线：收音机天线控制线，电压值 8V/9V/12V。

⓮ 蓝/白/黑色线：功放控制线，电压值 8V/9V/12V。

⓯ 细黑色线：方控负极，KEY-GND。

⓰ 方控线（1）：KEY（1），电压值 3.3V/5V。

⓱ 方控线（2）：KEY（2），电压值 3.3V/5V。

⓲ 手刹线：BRAKE，电压值 3.3V/5V。

⓳ 倒车控制线/倒车检测线：BACK/CCD，接 12V，切换。

第 2 章

导航机 7 种分离元器件

2.1 电阻

2.1.1 电阻在汽车电子电路中的作用与原理

电阻的英文名称为resistance，通常缩写为R，它是导体的一种基本性质，与导体的尺寸、材料、温度有关。

欧姆定律指出，电流、电压和电阻三者之间的关系为$I=U/R$，亦即$R=U/I$。

电阻的基本单位是欧姆，用希腊字母"Ω"来表示。

电阻的主要物理特征是变电能为热能，也可说它是一个耗能元件，电流经过它就产生内能。

电阻在电路中通常起分压、分流的作用。对信号来说，交流与直流信号都可以通过电阻。

2.1.2 汽车导航机贴片电阻

在汽车电子电路中目前主要用到贴片电阻，这里重点介绍一下汽车导航机贴片电阻的识别方法，如图2-1所示。

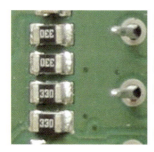

图2-1 贴片电阻

❶ 目前电路中电阻通常为黑色或蓝色。

❷ 电阻上一般标有数字，当然从图2-1中也能看到没有标数字的电阻。

❸ 利用万用表来判断，这种没有标注数字的电阻其阻值都比

较大。

2.1.3 确定汽车导航机电阻值的5种常用方法

方法 1　三位标注法

如图2-2所示,这四个电阻都标有330,这种称为三位标注法。那么阻值为多少呢?如何读数呢?很简单!前两位为有效数字,后一位为0的个数。即:先把33记下,有零个0,那么就是33Ω。

图2-2　三位标注法（一）

图2-3中的512为三位标注法,前面51为有效数字,后面2为0的个数,即阻值为5100Ω,也就是5.1kΩ的电阻。

方法 2　四位标注法

除了三位标注法外,还有四位标注法,两者读数方法大同小异。如

图 2-4 中的 2001，前三位为有效数字，第四位 1 为 0 的个数，即阻值为 2000Ω，也就是 2kΩ 的电阻。

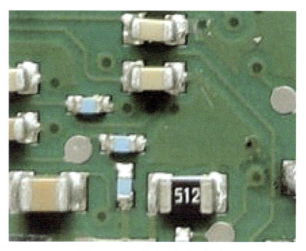

图 2-3　三位标注法（二）

图 2-5 中电阻标有 1472，即前三位为有效数字 147，第四位为 0 的个数，在这里有两个 0，即 14700，也就是说电阻值为 14.7kΩ。

图 2-4　四位标注法（一）

图 2-5　四位标注法（二）

方法 3　终端电阻法

图 2-6 中有两个 61R9，这种是什么呢？这也是电阻，它在导航板中比较特殊，把这种电阻称为终端电阻。那又该如何读数呢？首先要知道里面的 R 代表小数点，61R9 = 61.9，也就是说这个电阻阻值就是 61.9Ω。

方法 4　排阻法

在汽车导航机中，也会看到如图 2-7 所示的几个电阻排在一列，在电路中称为排阻。

图 2-6　终端电阻法

图 2-7　排阻法

方法 5 保护电阻法

如图 2-8 中标有 0 的电阻，该电阻阻值为 0，在电路中起保护作用。

图 2-8 保护电阻法

2.2 二极管

2.2.1 二极管的作用

二极管是最常用的电子元件之一，它最大的特性就是单向导电，也就是电流只可以从二极管的一个方向流过。整流电路、检波电路、稳压电路、各种调制电路，主要都是由二极管构成的。

晶体二极管有一个由 P 型半导体和 N 型半导体形成的 PN 结，在其界面处两侧形成空间电荷层，并有自建电场。当不存在外加电压时，由于 PN 结两边载流子浓度差引起的扩散电流和自建电场引起的漂移电流相等而处于电平衡状态。

2.2.2 二极管在汽车导航机中的 4 种常见用法

用法 1 普通二极管

普通二极管在电路中起单向导电作用,电流只能由正极端流向负极端,反向被截止。图 2-9 中三个黑色的物体即为二极管,有一侧标有一个横杠,则该端为负极端,另一侧为正极端。正负极一定要能区分开,往往在维修中二极管容易损坏,损坏就会难以区分正负极,所以最好记住方向。

图 2-9 普通二极管

用法 2 瞬态抑制二极管

瞬态抑制二极管在电路中起保护作用,防止电压过高而烧坏后级电路,通常加高电压或蓄电池接反容易损坏该二极管。如何区分瞬态抑制二极管呢?通常在汽车导航机中有一个正极搭铁,该类管即为瞬态抑制二极管,一般加在电源入口的地方。在车上经常遇到导航烧保险,可能就是它损坏导致的。如图 2-10 所示为瞬态抑制二极管。

汽车导航维修从入门到精通

(a)

(b)

图 2-10 瞬态抑制二极管

图 2-11 中 N1 为普通二极管，N2 为瞬态抑制二极管。

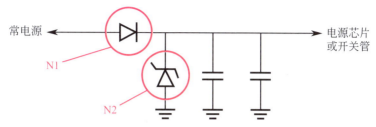

图 2-11　普通二极管与瞬态抑制二极管组成的电路

用法 3　稳压二极管

普通二极管都是正向导通，反向截止，具有单向导通性，如果加在二极管上的反向电压超过二极管的承受能力，二极管就要被击穿损毁。但是有一种二极管，它的正向特性与普通二极管相同，而反向特性却比较特殊，当反向电压加到一定程度时，虽然二极管呈现击穿状态，通过较大电流，却不损毁，并且这种现象的重复性很好；只要二极管处在击穿状态，尽管流过二极管的电流变化很大，但二极管两端的电压却变化极小，起到稳压作用。这种特殊的二极管称为稳压二极管，在汽车导航机里主要用于 ACC 控制电路中。如图 2-12 所示为稳压二极管。

用法 4　发光二极管

目前发光二极管在仪表或一些按键上常采用，发光二极管可以发出同一颜色的光。一个发光二极管的工作电流一般为 20~60mA，有的工作电流可以超过 100mA。一般被点亮电压等级：白色发光二极管的压降为 3.0~3.4V；红色发光二极管的压降为 2.0~2.2V；黄色发光二极管的压降为 1.8~2.0V；绿色发光二极管的压降为 3.0~3.2V；蓝色发光二极管的压降为 3.0~3.4V。在汽车上因电源电压是 12V 或者 24V，如果将该电压加在发光二极管两端，发光二极管肯定会损坏，因此一般通过串联分压的方式来降低发光二极管的电流。如图 2-13 所示为导航背光的发光二极管。

图 2-12　稳压二极管

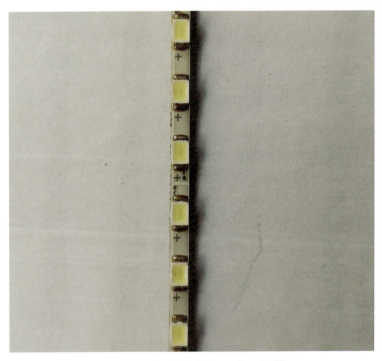

图 2-13　导航背光的发光二极管

2.3 电容

2.3.1 电容的定义、符号和单位

(1) 电容的定义

电容是由在两块金属电极之间夹一层绝缘电介质构成的。当在两块金属电极间加上电压时,电极上就会存储电荷,所以电容器是储能元件。任何两个彼此绝缘又相距很近的导体,都可以组成一个电容器。平行板电容器由电容器的极板和电介质组成。

(2) 电容的符号

电容用符号"C"表示,在汽车导航机中常用到有极性电解电容有极性贴片电容和无极性贴片电容。如图2-14所示为电容常用符号。

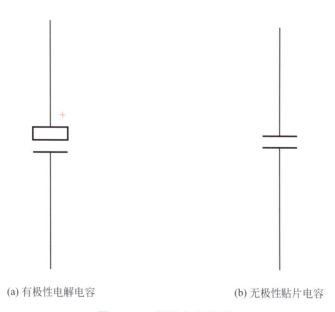

(a) 有极性电解电容　　　　(b) 无极性贴片电容

图2-14　常用电容符号

(3) 电容的单位

在国际单位制里,电容的单位是法拉,简称法,符号是F。由于法拉这个单位太大,所以常用的电容单位有毫法(mF)、微法(μF)、纳

法（nF）和皮法（pF）等，换算关系如下。

1 法拉（F）= 1000 毫法（mF）=1000000 微法（μF）

1 微法（μF）= 1000 纳法（nF）= 1000000 皮法（pF）

2.3.2 电容的 4 种作用

 旁路电容

旁路电容是为电路板提供能量的储能器件，它能使稳压器的输出均匀化，降低负载需求。就像小型可充电电池一样，旁路电容能够被充电，并向器件进行放电。为尽量减少阻抗，旁路电容要尽量靠近负载器件的供电电源引脚和地引脚，这能够很好地防止输入值过大而导致的地电位抬高和噪声。地电位是地连接处在通过大电流毛刺时的电压降。

作用 2 耦合电容

去耦，又称解耦。从电路来说，总是可以分为驱动的电源和被驱动的负载。如果负载电容比较大，那么驱动电路就要给电容充电、放电，才能完成信号的跳变。在上升沿比较陡峭的时候，电流比较大，这样驱动的电流就会吸收很大的电源电流，由于电路中的电感（特别是芯片引脚上的电感，会产生反弹）、电阻，这种电流相对于正常情况来说实际上就是一种噪声，会影响前级的正常工作，这就是所谓的"耦合"。

去耦电容就是起到一个"电池"的作用，满足驱动电路电流的变化，避免相互间的耦合干扰。

将旁路电容和去耦电容结合起来可以更容易理解。旁路电容实际也是去耦的，只是旁路电容一般是指高频旁路，也就是给高频的开关噪声提供一条低阻抗泄防途径。高频旁路电容一般比较小，根据谐振

频率一般取 0.1μF、0.01μF 等；而去耦电容的容量一般较大，可能是 10μF 或者更大，依据电路中分布参数以及驱动电流的变化大小来确定。旁路是把输入信号中的干扰作为滤除对象，而去耦是把输出信号的干扰作为滤除对象，防止干扰信号返回电源，这应该是它们的本质区别。

 滤波电容

从理论上（即假设电容为纯电容）说，电容越大，阻抗越小，通过的频率也越高。但实际上超过 1μF 的电容大多为电解电容，有很大的电感成分，所以频率高后反而阻抗会增大。有时会看到一个电容量较大的电解电容并联了一个小电容，这时大电容通低频，小电容通高频。电容的作用就是"通高阻低"，即通高频阻低频。电容越大，低频越容易通过。具体用在滤波中，大电容（1000μF）滤低频，小电容（20pF）滤高频。曾有人形象地将滤波电容比作"水塘"。由于电容的两端电压不会突变，由此可知，信号频率越高则衰减越大，可以很形象地说电容像个水塘，不会因几滴水的加入或蒸发而引起水量的变化。它把电压的变动转化为电流的变化，频率越高，峰值电流就越大，从而缓冲了电压。滤波就是充电、放电的过程。

 储能电容

储能电容通过整流器收集电荷，并将存储的能量通过变换器引线传送至电源的输出端。电压额定值为 40～450V（DC）、电容值为 220～150000μF 的铝电解电容器（如 EPCOS 公司生产的 B43504 或 B43505）是较为常用的。根据不同的电源要求，器件会采用串联、并联或其组合的形式。对于功率级超过 10kW 的电源，通常采用体积较大的罐形螺旋端子电容器。

2.3.3 电容在汽车导航机中的 4 种常见用法

用法 1 有极性的电解电容

图 2-15 中的电容为有极性的电解电容,黑色小半圆对应的引脚为负极,灰色大半圆对应的引脚为正极。该电解电容一般在导航机中加在常电源入口的地方,起滤波、稳定电压的作用,也常常通过它来找电源芯片。

图 2-15　有极性的电解电容(一)

如图 2-16 所示的电解电容上还标有 35V，代表该电容的耐压值为 35V，通过的最大电压为 35V，若超过该值将引起电容损坏。

图 2-16　有极性的电解电容（二）

如图 2-17 所示，该电容灰色区对应的引脚为负极，黑色区对应的引脚为正极，通常加在导航机尾插入口的地方，主要起稳压、滤波的作用。

用法 2　有极性的贴片电容

图 2-18 中 4 个黄色的电容为有极性的贴片电容，其中有一个横杠的一端为正极，另一端为负极。该电容一般也是加在电源芯片附近。可以通过电容测量出不同的电压等级，有些为 5V、3.3V、1.8V 等。该电容不能短路，否则导航机电源会出故障。

图 2-17 有极性的电解电容（三）

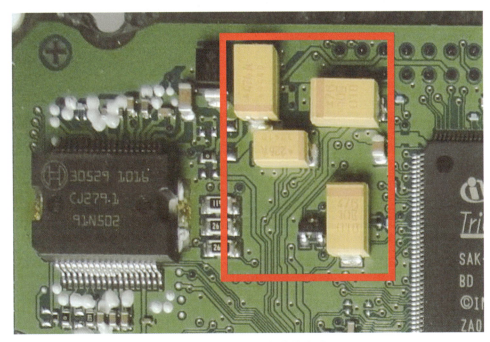

图 2-18 有极性的贴片电容

用法 3 无极性的贴片电容

如图 2-19 所示，这种无极性的贴片电容一般呈棕色，加在 CPU 或 MCU 周围和引脚的出入口，主要起到滤波的作用。

图 2-19　无极性的贴片电容

用法 4 耦合电容

该类电容有一个特点，即两端与地都不会导通。

2.4 三极管

2.4.1 认识三极管

三极管,全称应为半导体三极管,也称双极型晶体管、晶体三极管,是一种控制电流的半导体器件。其作用是把微弱信号放大成幅度值较大的电信号,也用作无触点开关。

三极管是指在一块半导体基片上制作两个相距很近的 PN 结,两个 PN 结把整块半导体分成三部分,中间部分是基区,两侧部分是发射区和集电区,排列方式有 PNP 和 NPN 两种,如图 2-20 所示。

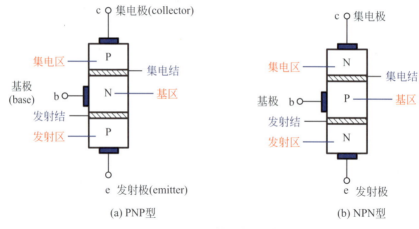

图 2-20 三极管的排列方式

三极管是由两个 PN 结组成的。把基极和发射极之间的 PN 结称作发射结,基极和集电极之间的 PN 结称作集电结,如图 2-21 所示。

它的文字符号为 VT,在电路图中的符号如图 2-22 所示。

2.4.2 三极管的电源接法

(1) 电源极性不同

NPN 型和 PNP 型三极管的电源极性如图 2-23 所示。

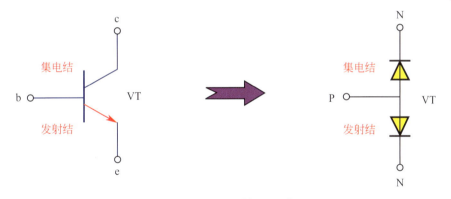

图 2-21　三极管的组成

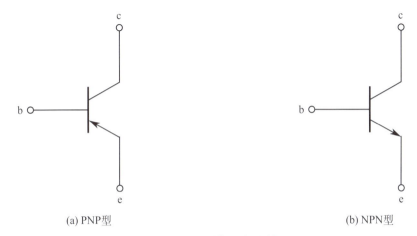

(a) PNP型　　　　　　　　　　　　(b) NPN型

图 2-22　三极管的电路符号

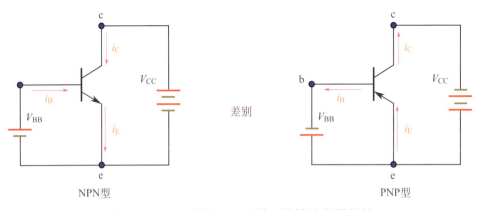

图 2-23　NPN 型和 PNP 型三极管的电源极性

（2）电流方向不同

NPN 型三极管的电流从集电极流向发射极，PNP 型三极管的电流从发射极流向集电极。

2.4.3 三极管的电流分配关系

三极管的电流分配关系如图 2-24 所示。

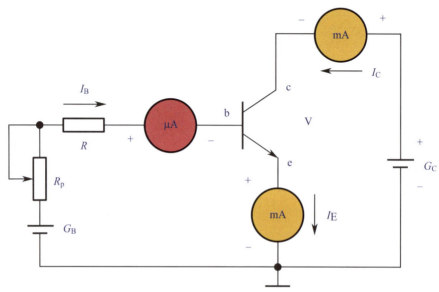

图 2-24　三极管的电流分配关系

> **说明**
>
> 调节电位器，测得发射极电流、基极电流和集电极电流的对应数据如表 2-1 所示。

表 2-1　三极管的电流分配数据

I_B/mA	−0.001	0	0.01	0.02	0.03	0.04	0.05
I_C/mA	0.001	0.01	0.56	1.14	1.74	2.33	2.91
I_E/mA	0	0.01	0.57	1.16	1.77	2.37	2.96

三极管中电流分配关系如下。

$$I_E = I_C + I_B$$

因 I_B 很小，则

$$I_C \approx I_E$$

2.4.4 三极管的放大作用

三极管的基本作用是放大电信号。三极管工作在放大状态的外部条件是：发射结加正向电压，集电结加反向电压，如图 2-25 所示。

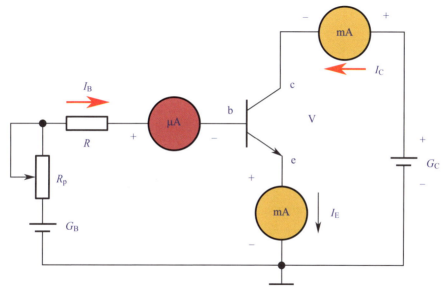

图 2-25 三极管的放大作用

说明

调节电位器，测得发射极电流、基极电流和集电极电流的对应数据如表 2-2 和图 2-26 所示。

表 2-2 三极管的电流放大数据

I_B/mA	-0.001	0	0.01	0.02	0.03	0.04	0.05
I_C/mA	0.001	0.01	0.56	1.14	1.74	2.33	2.91
I_E/mA	0	0.01	0.57	1.16	1.77	2.37	2.96

由表2-2得出

$$\frac{\Delta I_C}{\Delta I_B} = \frac{0.58\text{mA}}{0.01\text{mA}} = 58$$

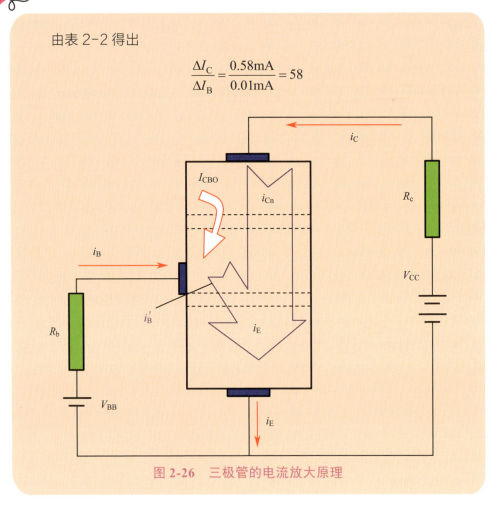

图2-26 三极管的电流放大原理

2.4.5 三极管的3种状态

状态 1 截止状态

当加在三极管发射结的电压小于PN结的导通电压时，基极电流为零，集电极电流和发射极电流都为零，这时三极管失去电流放大作用，集电极和发射极之间相当于开关的断开状态，称三极管处于截止状态。

状态 2 放大状态

当加在三极管发射结的电压大于 PN 结的导通电压，并处于某一恰当的值时，三极管的发射结正向偏置，集电结反向偏置，这时基极电流对集电极电流起着控制作用，使三极管具有电流放大作用，其电流放大倍数 $\beta=\Delta I_C/\Delta I_B$，这时三极管处于放大状态。

状态 3 饱和导通状态

当加在三极管发射结的电压大于 PN 结的导通电压，并当基极电流增大到一定程度时，集电极电流不再随着基极电流的增大而增大，而是处于某一定值附近不怎么变化，这时三极管失去电流放大作用，集电极与发射极之间的电压很小，集电极和发射极之间相当于开关的导通状态。三极管的这种状态称为饱和导通状态。

根据三极管工作时各个电极的电位高低，就能判别三极管的工作状态。因此，电子维修人员在维修过程中，经常要拿多用电表测量三极管各脚的电压，从而判别三极管的工作情况和工作状态。

2.4.6 三极管在汽车导航机上的应用

在汽车导航机里通常能看到很多 3 个脚的元件，请大家注意：3 个脚的不一定是三极管，3 个脚的元件有电源芯片、场效应管、特殊的二极管等。因此，要结合电路架构去判断。三极管在汽车导航机中运用也比较多，比如倒挡输出电路、ACC 电路或其他输入信号电路均有用到，如图 2-27 所示。

图 2-27　三极管在汽车导航机上的应用

2.5　场效应管

2.5.1　认识汽车导航机上的场效应管

场效应管是一种利用电场效应来控制电流的半导体器件，也是一种具有正向受控作用的半导体器件。它体积小、工艺简单，器件特性便于控制，是目前制造大规模集成电路的主要有源器件。

> **提示**
>
> 场效应管与三极管的主要区别如下。
> ① 场效应管输入电阻远大于三极管输入电阻。
> ② 场效应管是单极型器件（三极管是双极型器件）。
> ③ 场效应管受温度的影响小（只有多子漂移运动形成电流）。

2.5.2 场效应管的种类及其电路符号

场效应管的分类方法如图 2-28 所示。

图 2-28 场效应管的分类方法

沟道是指载流子流通的渠道、路径。N 沟道是指以 N 型材料构成的区域作为载流子流通的路径；P 沟道是指以 P 型材料构成的区域作为载流子流通的路径。

场效应管的结构示意及其电路符号如图 2-29 所示。

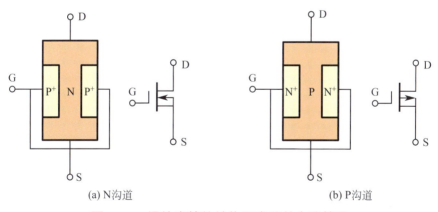

(a) N 沟道　　　　　　　　　(b) P 沟道

图 2-29 场效应管的结构示意及其电路符号

由场效应管的电路符号可知，无论是 JFET 还是 MOSFET，它都有三个电极：栅极 G、源极 S、漏极 D。它们与三极管的三个电极一一对应（其实它们之间除了电极有对应关系外，由它们构成的电路的特性也有对应关系）：

G—B　　S—E　　D—C

N沟道三极管的箭头是指向沟道的,而P沟道三极管的箭头是背离沟道的。

2.5.3　场效应管的工作原理

JFET与MOSFET的工作原理相似,它们都利用电场效应来控制电流,即都是利用改变栅源电压U_{GS}来改变导电沟道的宽度和高度,从而改变沟道电阻,最终达到对漏极电流I_D的控制作用。不同之处仅在于导电沟道形成的原理不同。下面以N沟道JFET、N沟道增强型为例进行分析。

如图2-30所示,场效应管工作时它的两个PN结始终要加反向电压。对于N沟道,各极间的外加电压变为$U_{GS} \leqslant 0$;漏源之间加正向电压,即$U_{GS} > 0$。

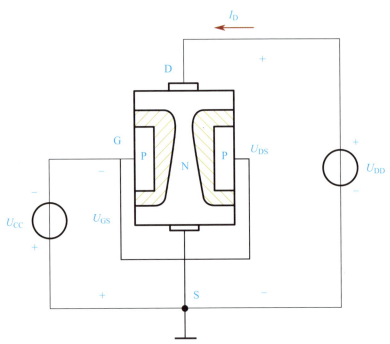

图2-30　场效应管的工作原理(一)

当G、S两极间电压U_{GS}改变时,沟道两侧耗尽层的宽度也随着改变。沟道宽度的变化，导致沟道电阻值的改变，从而达到利用电压 U_{GS} 控制电流 I_D 的目的。

（1）$|U_{GS}|$ 对导电沟道的影响

当 $|U_{GS}|=0$ 时，场效应管两侧的 PN 结均处于零偏置，形成两个耗尽层，如图 2-31（a）所示。此时耗尽层最薄，导电沟道最宽，沟道电阻最小。

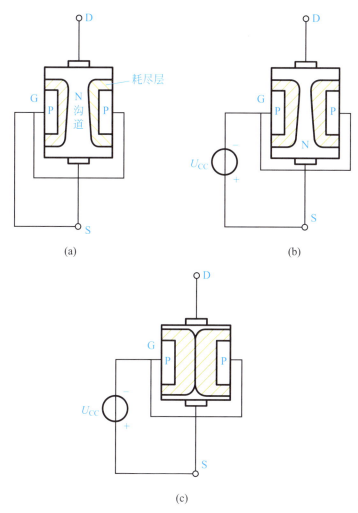

图 2-31 场效应管的工作原理（二）

当 $|U_{GS}|$ 增大时，栅源之间反偏电压增大，PN 结的耗尽层增宽，如图 2-31（b）所示，导致导电沟道变窄，沟道电阻增大。

当 $|U_{GS}|$ 增大到使两侧耗尽层相遇时，导电沟道全部夹断，如图 2-31（c）所示。沟道电阻趋于无穷大。对应的栅源电压 U_{GS} 称为场效应管的夹断电压，用 U_{GS}（off）来表示。

（2）U_{GS} 对导电沟道的影响

设栅源电压 $U_{GS}=0$，当 $U_{GS}=0$ 时，$I_D=0$，沟道均匀，如图 2-31（a）所示。

当 U_{GS} 增加时，漏极电流 I_D 从零开始增加，I_D 流过导电沟道时，沿着沟道产生电压降，使沟道各点电位不再相等，沟道不再均匀。靠近源极端的耗尽层最窄，沟道最宽；靠近漏极端的电位最高，且与栅极电位差最大，因而耗尽层最宽，沟道最窄。由图 2-30 可知，U_{GS} 的主要作用是形成漏极电流 I_D。

（3）U_{GS} 对沟道电阻和漏极电流的影响

设在漏源间加有电压 U_{GS}，当 U_{GS} 变化时，沟道中的电流 I_D 将随沟道电阻的变化而变化。

当 $U_{GS}=0$ 时，沟道电阻最小，电流 I_D 最大。当 $|U_{GS}|$ 值增大时，耗尽层变宽，沟道变窄，沟道电阻变大，电流 I_D 减小，直至沟道被耗尽层夹断，$I_D=0$。

当 $0<U_{GS}<U_{GS}$（off）时，沟道电流 I_D 在零和最大值之间变化。

改变栅源电压 U_{GS} 的大小，能引起管内耗尽层宽度的变化，从而控制漏极电流 I_D 的大小。

场效应管和普通三极管一样，可以看作是受控的电流源，但它是一种电压控制的电流源。

2.5.4 场效应管在汽车导航机上的应用

场效应管在汽车导航机中和三极管的外形一样，只有利用万用表测量和结合实际电路才能判断出。经验告诉人们，一般三极管通过两次测量能测出 500～700mV 的压降值；如果在测量过程中只有一次测出 500～700mV 的压降值或者没有，那么有可能这个为场效应管，如图 2-32 所示。

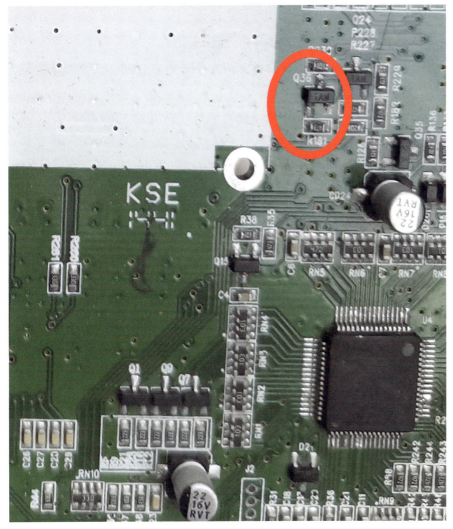

图 2-32 场效应管在汽车导航机上的应用

2.6 电感

2.6.1 认识汽车导航机电感

电感的单位为亨利（H），简称亨，较小的单位还有毫亨（mH）和

微亨（μH）。其换算单位关系为

$$1H=10^3mH=10^6\mu H$$

电感器俗称线圈。最简单的电感器就是用导线空心地绕几圈，有磁芯的电感器是在磁芯上用导线绕几圈。无论哪种电感器，如果结构相同，其基本特性就相同，但绕的匝数不同或有无磁芯时，电感器的电感量不同。绕线匝数越多，电感量越大，在同样匝数的情况下，线圈增加了磁芯后，电感量会增加。

电感器在电路中具有感抗特性，感抗如同电阻一样阻碍电流流动，感抗不仅与流过电感器的电流频率相关，还与电感器本身的电感量相关。电感对直流呈通路，而对于交流却呈现很大的阻碍作用，通常称为感抗。

$$X_L=2\pi fL$$

式中，X_L 为电感的感抗；f 为流过电感器的交流电的频率；L 为电感的电感量。

(1) 电感的电路符号

不同类型的电感，它的具体电路符号也有所不同。电感的电路符号还能形象地表示电感器的结构特点，如图 2-33 所示。

空心线圈没有磁芯，通常线圈绕的匝数越少，电感越小，主要用于高频电路中，例如短波收音电路中、调频收音电路中等。

空心线圈每圈之间的间隙大小与电感量有关，间隙大则电感量小，反之则大。所以在需要微调空心线圈电感量时，可以调整线圈之间的间隙大小。为了防止线圈之间间隙变化，使用电路中调试完成后要用石蜡加以密封固定，这样还可以防止线圈受潮。

贴片电感器是一种小型化的电感器，采用贴片元器件的结构形式，具有无脚化的特点。

铁芯与磁芯的区别是工作频率不同，工作频率低的称为铁芯，工作频率高的称为磁芯。例如用于 50Hz 交流市电频率电路中的为铁芯，收音电路磁棒线圈中的磁棒为磁芯，其工作频率高达上千赫兹。磁芯根据工作频率的高低不同，还有低频磁芯和高频磁芯之分。

电感上画条实线，表示有低频铁芯

电感上画条虚线，表示有高频铁芯

电感上画实线断开，表示铁芯有间隙

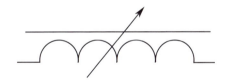
实线加箭头，表示电感器可调，是微调电感器

图 2-33　电感的电路符号

因为电感对交流存在阻碍作用，所以从电感输出的交流电压比输入电压幅度要小。

（2）电感的作用

电感的特性与电容的特性正好相反，它具有阻止交流电通过而让直流电顺利通过的特性。直流信号通过线圈时的电阻就是导线本身的电阻，压降很小；当交流信号通过线圈时，线圈两端将会产生自感电动势，自感电动势的方向与外加电压的方向相反，阻碍交流信号通过。所以电感的特性是通直流、阻交流，频率越高，线圈阻抗越大。电感在电路中经常和电容一起工作，构成 LC 滤波器、LC 振荡器等。另外，人们还利用电感的特性，制造了阻流圈、变压器、继电器等。

2.6.2 电感的分类与结构

（1）电感的分类

电感的分类如图 2-34 所示。

➤ 绕线电感：铜线绕制

➤ 叠层电感：丝网印刷

➤ 薄膜电感：薄膜工艺

➤ 一体成型：压制成型

图 2-34 电感的分类

（2）电感的结构

电感的结构如图 2-35 所示。

两种电感实物如图 2-36 所示。

➢ 绕线电感：
➢ 叠层电感：
➢ 薄膜电感：
➢ 一体成型：

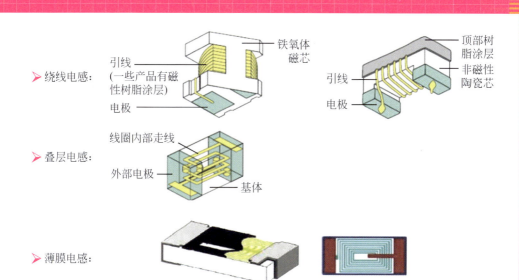

图 2-35　电感的结构

(a)

图 2-36

(b)

图 2-36 两种电感实物

2.6.3 电感与滤波电容的区别

如果要分析电感在直流电路中的工作原理，电感的直流电阻则不能忽略，它在电路中起着一定的作用，是否要考虑电感的直流电阻要视具体电路而定，这是分析电路中的难点。

在分析电感电路时，如果输入直流电，则电感不存在感抗，只有电感的直流电阻，通常情况下可以忽略不计。

对于交流电，要根据交流电的频率分成多种情况进行感抗的等效分析，电感的等效"电阻"，其大小与电感的频率相关。

把一个频率高的电感等效为一个阻值大的电阻等效分析。

把一个频率低的电感等效为一个阻值小的电阻等效分析。

把一个特定频率的电感等效为一个特定阻值的电阻等效分析。

在大电流的整流滤波电路中常常会用到容量很大的滤波电容，这是因为负载内阻很小，若采用小容量的滤波电容，其放电时间极短而起不到滤波的作用。若采用大容量的电容，虽然能起到滤波作用，但由于充放电电流极大，同时会对整流二极管产生很大的冲击电流。因此在这种情况下，采用电感滤波是很好的办法。由于电感线圈的电感量要足够大，应该采用有铁芯的线圈，线径要足够粗以承载大电流。

与电容滤波相比，电感滤波有以下特点。

❶ 电感滤波的外特性和脉动特性好。

❷ 电感滤波电路整流二极管的导通角 $\theta=\pi$。

❸ 电感滤波输出电压较电容滤波低。故一般电感滤波适用于输出电压不高、输出电流较大及负载变化较大的场合。

2.6.4 电感的工作原理

当流过电感的电流变化时，电感线圈中产生的感生电动势将阻止电流的变化。当通过电感线圈的电流增大时，电感线圈产生的自感电动势与电流方向相反，阻止电流的增加，同时将一部分电能转化成磁场能存储于电感之中；当通过电感线圈的电流减小时，自感电动势与电流方向相同，阻止电流的减小，同时释放出存储的能量，以补偿电流的减小。因此经电感滤波后，不但负载电流及电压的脉动减小，波形变得平滑，而且整流二极管的导通角增大。

如图2-37所示，在电感线圈不变的情况下，负载电阻越小，输出电压的交流分量越小。只有在 $R_L \ll \omega L$ 时才能获得较好的滤波效果。L 越大，滤波效果越好。

另外，由于滤波电感电动势的作用，二极管的导通角接近 π，减小了二极管的冲击电流，平滑了流过二极管的电流，从而延长了整流二极管的寿命。

当忽略电感线圈的直流电阻时，R_L 上的直流电压 U_L 与不加滤波时负载上的电压相同,即 $U_L = 0.9U_2$。

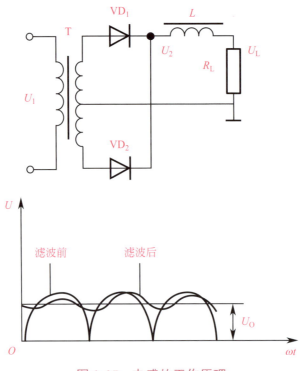

图 2-37 电感的工作原理

2.6.5 电感在开关电源中的应用

电感是开关电源中常用的元件,由于它的电流、电压相位不同,所以理论上损耗为零。电感常为储能元件,也常与电容一起用在输入滤波和输出滤波电路上,用来平滑电流。电感也被称为扼流圈,特点是流过其上的电流有"很大的惯性"。换句话说,由于磁通连续特性,电感上的电流必须是连续的,否则将会产生很大的电压尖峰。

电感为磁性元件,自然有磁饱和的问题。有的应用允许电感饱和,有的应用允许电感从一定电流值开始进入饱和,也有的应用不允许电感出现饱和,这要求在具体线路中进行区分。大多数情况下,电感工作在"线性区",此时电感值为一个常数,不随着端电压与电流变化。但是，开关电源存在一个不可忽视的问题，即电感的绕线将导致两个分布参数（或寄生参数），一个是不可避免的绕线电阻，另一个是与绕制工艺、材料有关的分布式杂散电容。杂散电容在低频时影响不大，但随频率的提高而渐显出来，当频率高到某个值以上时，电感也许会变成电容特性。如果将杂散电容"集中"为一个电容，则从电感的等效电路可以看出在某一频率后所呈现的电容特性。

2.6.6 共模电感

当有共模电流流经线圈时，由于共模电流的同向性，会在线圈内产生同向的磁场而增大线圈的感抗，使线圈表现为高阻抗，产生较强的阻尼效果，以此衰减共模电流，达到滤波的目的，如图2-38所示。

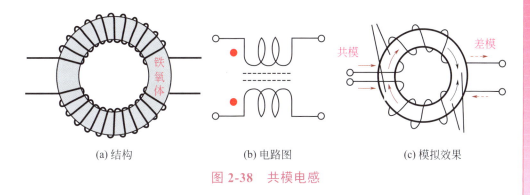

(a) 结构　　　　　　　(b) 电路图　　　　　　(c) 模拟效果

图 2-38 共模电感

共模信号的危害：导线上产生共模电流，导线会产生强烈的电磁辐射，对电子、电气产品元器件产生电磁干扰，影响产品的性能指标。

实际的电感线圈是用导线绕制而成的，因为除了具有电感之外，还存在电阻。如果电阻较小甚至可以忽略不计时，就可看作是理想电感元件。当通过交流电流时，在导线的内部及其周围产生交变磁通，拥有储存和释放能量的功能。在电子线路中，电感线圈对交流信号有限流作用，它与电阻器或电容器能组成高通或低通滤波器、移相电路及谐振电路等；变压器可以进行交流耦合、变压、变流和阻抗变换等。

2.6.7 电感在汽车导航机上的应用

电感滤波电路，常见的有如图 2-39 所示的 π 型 LC 滤波电路，L_1 为滤波电感，C_1 和 C_2 为滤波电容，因为 C_1、L_1 和 C_2 构成了一个 π 字样，所以称为 π 型滤波电路。

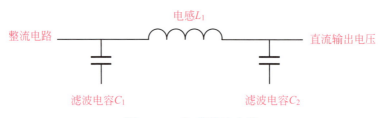

图 2-39　电感滤波电路

从整流电路输出的交流和直流混合电流首先经过 C_1 滤波，然后加到 L_1 和 C_2 组成的滤波电路中。

对于直流电流而言，由于 L_1 的直流电阻很小，所以直流电流流过 L_1 时在 L_1 上产生的直流电压降很小，这样直流电压就能通过 L_1 到达输出端。

对于交流电流而言，因为 L_1 存在感抗，而且滤波电路中 L_1 的电感量比较大，所以感抗很大。这个感抗与 C_2 的容抗（滤波电容的容量大、容抗小）构成分压衰减电路，等效电路如图 2-40 所示。

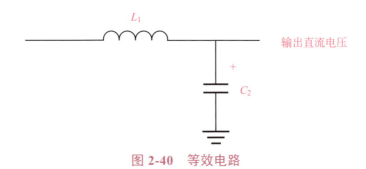

图 2-40　等效电路

这个衰减电路对交流电压有很大衰减作用，可以达到去掉交流电压的目的。

电感在汽车导航机上的应用如图 2-41 所示。

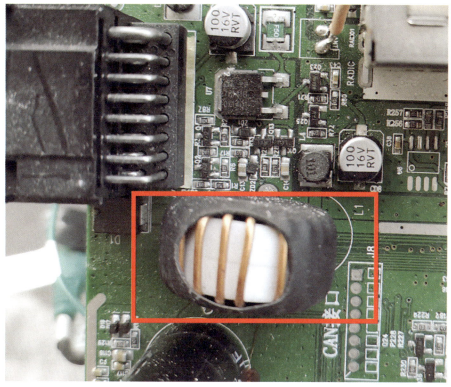

图 2-41　电感在汽车导航机上的应用

2.7　晶振

2.7.1　认识汽车导航机晶振

每个单片机系统里都有晶振，全称是晶体振荡器。在单片机系统里晶振的作用非常大，它结合单片机内部的电路，产生单片机所必需的时钟频率，单片机的一切指令的执行都是建立在这个基础上的。晶振提供的时钟频率越高，单片机的运行速度也就越快。

汽车导航维修从入门到精通

晶振利用一种能把电能和机械能相互转化的晶体在共振的状态下工作,以提供稳定、精确的单频振荡。在通常的工作条件下,普通的晶振频率绝对精度可达百万分之五十,高级的晶振精度更高。有些晶振还可以由外加电压在一定范围内调整频率,称为压控振荡器(VCO)。

图 2-42　晶振符号

（1）晶振符号

晶振符号如图 2-42 所示。

（2）晶振实物图

晶振实物图如图 2-43 ～图 2-45 所示。

图 2-43　晶振实物图 1

外表看上去有 6 个脚,其实在这里与 CPU 相连的只有 2 个脚,其余的脚通常搭铁。

图 2-44　晶振实物图 2（贴片晶振）

图 2-45　晶振实物图 3

外表看上去有 4 个脚，其实也相当于只有 2 个脚。

2.7.2 晶振的分类

（1）无源晶振

无源晶振需要芯片内部有振荡器，无源晶振没有电压的问题，信号电平是可变的，也就是说是根据起振电路来决定的，同样的晶振可以适用于多种电压，而且价格通常也较低，因此对于一般的应用，如果条件许可，建议用无源晶振。无源晶振的缺陷是信号质量较差，通常需要精确匹配外围电路（信号匹配的电容、电感、电阻等），更换不同频率的晶振时周边配置电路需要做相应的调整。

（2）有源晶振

有源晶振不需要芯片内部有振荡器，信号质量好，比较稳定，而且连接方式相对简单（主要是做好电源滤波，通常使用由一个电容和一个电感构成的 PI 型滤波网络，输出端用一个小阻值的电阻过滤信号即可），不需要复杂的配置电路。有源晶振通常的用法：一脚悬空，二脚接地，三脚接输出，四脚接电压。相对于无源晶振，有源晶振的缺陷是其信号电平为固定的，需要选择合适的输出电平，灵活性较差，而且价格高。对于时序要求敏感的应用，笔者认为还是有源晶振好，因为可以选用比较精密的晶振，甚至是高档的温度补偿晶振。

2.7.3 晶振的 3 种特殊测量方法

方法 1　用万用表电压挡测量

用万用表电压挡测量晶振两端电压，工作时电压应为芯片工作电压的一半。

方法 2　用万用表电阻挡测量

用万用表电阻挡测量晶振两端的电阻是否为无穷大，若为无穷大说明晶振正常。

方法 3　用示波器测量

用示波器测量晶振工作时是否有波形，波形为标准正弦波。

第 3 章

导航机电源芯片

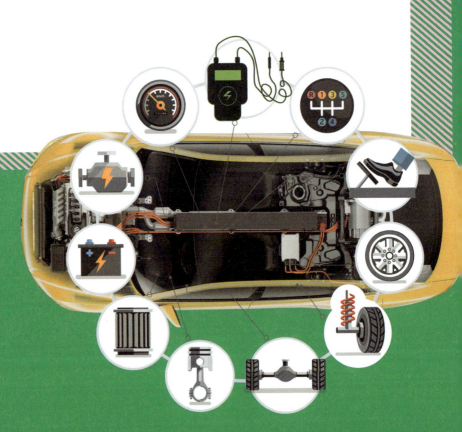

3.1 导航机电源芯片电路特点

❶ 电源芯片的特点如下：
a. 引脚少；
b. 芯片底下线粗；
c. 旁边有电感和电容。
❷ 电源芯片输出脚上很多都带有电容。
❸ 显示板和机芯片供电电源芯片，将12V常电源输入、5V输出，受MCU控制。

3.2 电源芯片7805/7809

电源芯片7805是将12V转化成5V，而电源芯片7809是将12V转化成9V。

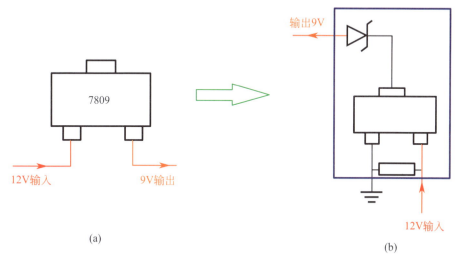

图3-1 电源芯片7809的引脚连接与内部等效电路

如图3-1（a）所示为电源芯片7809在电路板中的实际引脚连接，1脚为12V电源输入，2脚搭铁，3脚为9V电源输出；如图3-1（b）

所示是电源芯片 7809 的内部等效图。如图 3-2 所示为电源芯片 7809 的实物图。

图 3-2　电源芯片 7809 的实物图

3.3　电源芯片 1507

如图 3-3 所示为电源芯片 1507。这种电源芯片输入和输出脚的板线都比较粗。1 号脚为输入脚，一般和电感电容相连；2 号脚为输出脚，一般有保护二极管；5 号脚为受控脚。1507 电源芯片是一个受控制电源芯片，若控制出现故障，也会无电源输出。

图 3-3　电源芯片 1507

3.4 电源芯片 MP1584

电源芯片 MP1584 如图 3-4 所示。

图 3-4 电源芯片 MP1584

3.4.1 电源芯片 MP1584 引脚定义

电源芯片 MP1584 引脚定义如图 3-5 所示。

3.4.2 电源芯片 MP1584 引脚说明

电源芯片 MP1584 引脚说明见表 3-1。

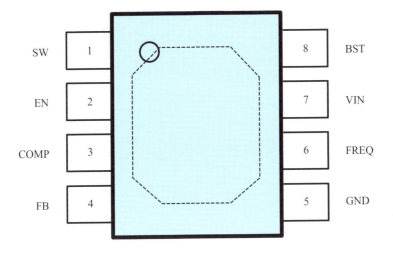

图 3-5　电源芯片 MP1584 引脚定义

表 3-1　电源芯片 MP1584 引脚说明

SOIC 针 #	名字	描述
1	SW	开关节点。这是从高压侧开关的输出。低正向压降肖特基二极管接地是必需的。二极管必须靠近 SW 引脚，以减少开关尖峰
2	EN	使能输入。要将这个引脚低于指定的阈值关的芯片。拉起来超出指定阈值或离开它的浮动式芯片
3	COMP	补偿。这个节点是误差放大器的输出端。控制回路频率补偿被应用到该引脚
4	FB	反馈。输入到误差放大器。该输出电压由电阻分压器设定连接在输出和 GND 之间
5	GND	裸露在地面上。它应连接到尽可能接近输出电容，以缩短高电流开关路径。连接裸露焊盘到地平面以达到最佳的散热性能
6	FREQ	开关频率编程输入。电阻从这个引脚连接到地设置开关频率
7	VIN	输入电源。其将电力提供给所有的内部控制电路，包括 BS 监管机构和高侧开关。去耦电容接地必须放置在靠近该引脚处，以尽量减少开关尖峰
8	BST	自举。这是内部浮动高边 MOSFET 驱动器的电源正极。连接该引脚和 SW 引脚之间的旁路电容

3.4.3 电源芯片 MP1584 参考原理图

电源芯片 MP1584 参考原理如图 3-6 所示。

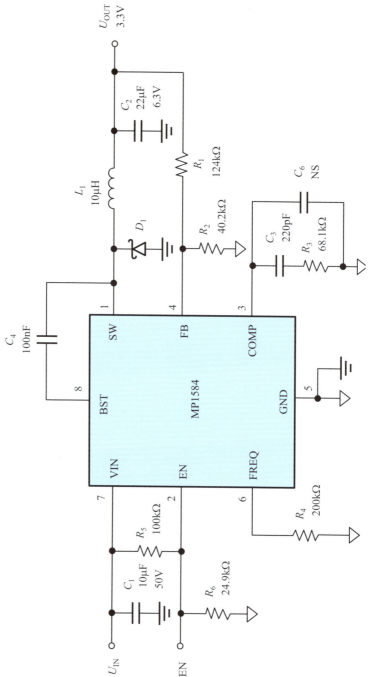

图 3-6 电源芯片 MP1584 参考原理

3.4.4 电源芯片 MP1584 在汽车导航机上的实际定义说明

电源芯片 MP1584 在汽车导航机上的实际定义说明如图 3-7 所示。
备注：日常维修过程中，重点检查 1 脚、2 脚和 7 脚。

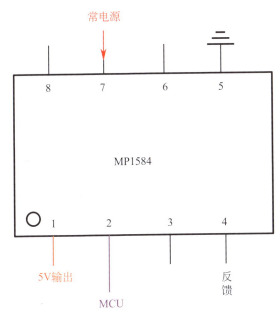

图 3-7 电源芯片 MP1584 在汽车导航机上的实际定义说明

3.5 电源芯片 MP1430

3.5.1 电源芯片 MP1430 引脚定义

电源芯片 MP1430 引脚定义如图 3-8 所示。

3.5.2 电源芯片 MP1430 参考原理图

电源芯片 MP1430 参考原理图如图 3-9 所示。

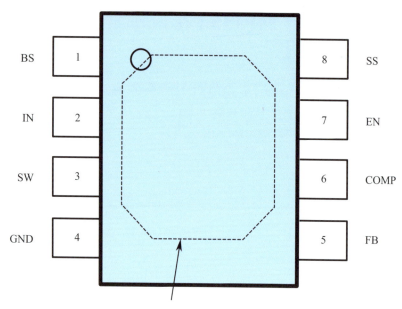

图 3-8　电源芯片 MP1430 引脚定义

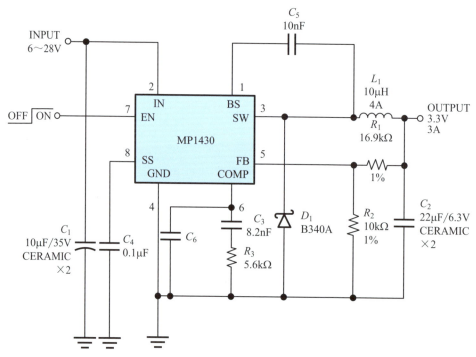

图 3-9　电源芯片 MP1430 参考原理图

3.5.3 电源芯片 MP1430 在汽车导航机上的实际定义说明

电源芯片 MP1430 在汽车导航机上的实际定义说明如图 3-10 所示。

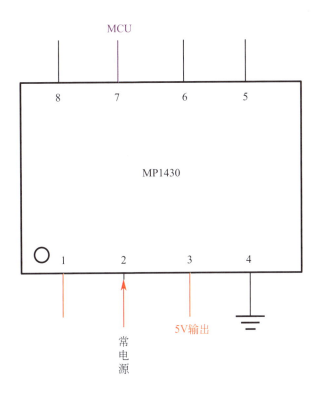

图 3-10 电源芯片 MP1430 在汽车导航机上的实际定义说明

3.5.4 常见导航机中开关电源与电源芯片 MP1430 实际控制电路

常见导航机中开关电源与电源芯片实际控制电路如图 3-11 所示。图中 IVR 为 8 脚芯片，在这里实际为一个开关管，此开关管受 MCU 控制。12V 电源从 IVR 芯片 1～3 脚输入，从 5～8 脚输出，给电源芯片 MP1430 的 2 号脚提供 12V 电源，当 MP1430 电源芯片正常工作时，从 3 脚输出 5V 电源给其他芯片提供 5V 电源。

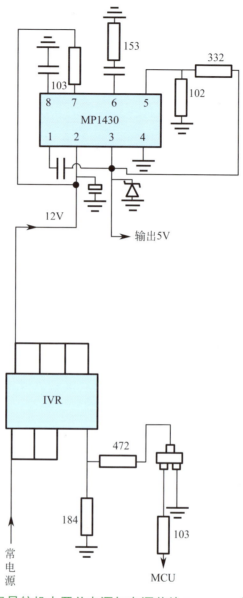

图 3-11　常见导航机中开关电源与电源芯片 MP1430 实际控制电路

3.6　电源芯片 MP2303

电源芯片 MP2303 如图 3-12 所示。

图 3-12　电源芯片 MP2303

3.6.1　电源芯片 MP2303 引脚定义

电源芯片 MP2303 引脚定义如图 3-13 所示。

3.6.2　电源芯片 MP2303 参考原理图

电源芯片 MP2303 参考原理图如图 3-14 所示。

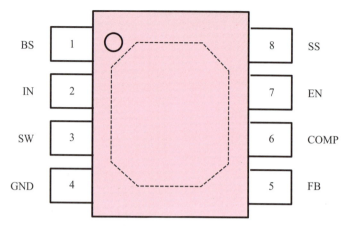

图 3-13　电源芯片 MP2303 引脚定义

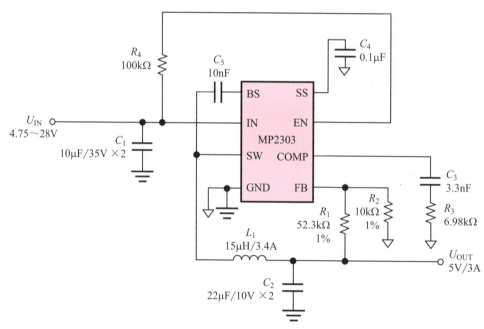

图 3-14　电源芯片 MP2303 参考原理图

3.6.3　电源芯片 MP2303 在汽车导航机上的实际定义说明

电源芯片 MP2303 在汽车导航机上的实际定义说明如图 3-15 所示。

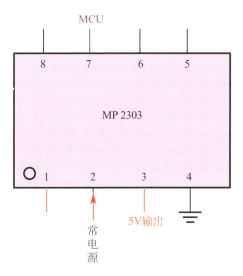

图 3-15　电源芯片 MP2303 在汽车导航机上的实际定义说明

3.7　电源芯片 LSP5502

电源芯片 LSP5502 如图 3-16 所示。

图 3-16　电源芯片 LSP5502

3.7.1　电源芯片 LSP5502 引脚定义

电源芯片 LSP5502 引脚定义如图 3-17 所示。

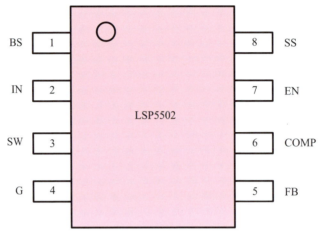

图 3-17　电源芯片 LSP5502 引脚定义

3.7.2　电源芯片 LSP5502 在汽车导航机上的实际定义说明

电源芯片 LSP5502 在汽车导航机上的实际定义说明如图 3-18 所示。

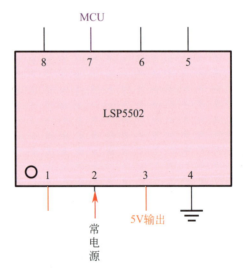

图 3-18　电源芯片 LSP5502 在汽车导航机上的实际定义说明

第 4 章

导航主板

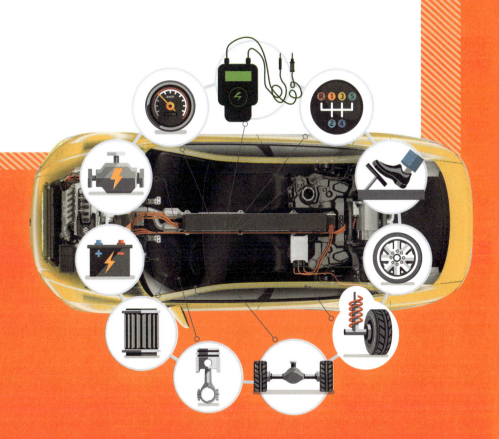

在汽车导航中，导航主板主要由功放芯片、MCU、前置音频切换芯片、放大器、收音机模块、蓝牙模块、视频切换芯片、音频切换辅助芯片和各芯片供电的电源芯片等组成。下面就各芯片特点进行详细介绍。

4.1 主板供电电源

4.1.1 主板输出 12V 电源的 2 种控制方式

主板供电为 12V 常电源输入，12V 输出，该电源芯片受 MCU 芯片控制，给主板上各功能芯片及模块的电源芯片（7809、7808、7805等）供 12V 的电，在导航机中常见有 2 种控制方式。

方式 1

一个 8 脚的开关管和一个三极管配合控制其电源输出，从而输出 12V 电源给其他电源芯片提供 12V 电源，如图 4-1 所示。

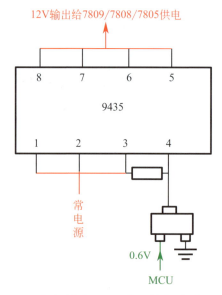

图 4-1 主板输出 12V 电源控制方式（一）

方式 2

由 2 个三极管配合控制其电源输出，从而输出 12V 电源给其他电源芯片提供 12V 电源，如图 4-2 所示。

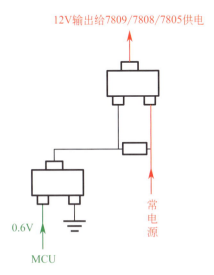

图 4-2　主板输出 12V 电源控制方式（二）

4.1.2　主板常见故障分析

主板供电电源芯片容易被击穿，导致漏电问题，可以用手摸一下功放芯片是否发热，是否出现没声音、没有倒车影像等故障现象。

4.2　MCU 供电电源芯片的 3 种供电方式

MCU 供电为常电源 12V 变压成 3.3V 或 5V，不受其他条件控制，12V 常电源直接变成 3.3V 或 5V 给 MCU，也是主板上唯一一个不受控的电源芯片。MCU 主要有以下 3 种供电方式。

方式 1

电源芯片型号为7805。1脚为12V电源输入，2脚搭铁，3脚为5V电源输出，如图4-3所示。

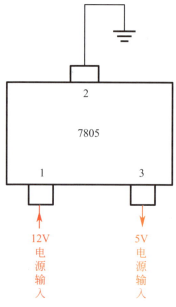

图4-3　MCU供电方式（一）

方式 2

电源芯片型号为7550。2脚为12V电源输入，1脚搭铁，3脚为5V电源输出，如图4-4所示。

方式 3

电源芯片型号为7533。2脚为12V电源输入，1脚搭铁，3脚为3.3V电源输出，如图4-5所示。

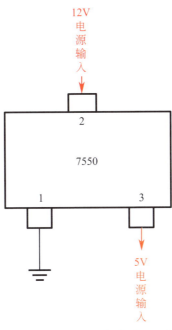

图 4-4　MCU 供电方式（二）

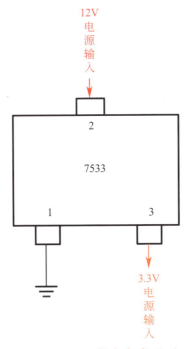

图 4-5　MCU 供电方式（三）

4.3 显示板供电电源

① 12V常电源转换成5V输出，给显示板各功能的芯片供5V电源，此芯片受MCU控制。

② 常见型号：1507、1584、2303等。

③ 常见故障：黑屏不开机。

4.4 机芯板供电电源

① 12V常电源转换成5V输出，给机芯板各功能的芯片供5V电源，此芯片受MCU控制。

② 常见型号：1507、1584、2303等。

③ 常见故障：不读碟、不读SD卡、不读U盘。

4.5 功放芯片

4.5.1 功放芯片的作用

功放芯片（图4-6）的作用主要是把来自音源或前级放大器的弱信号放大，产生足够大的电流去推动扬声器进行声音的重放。

考虑到功率、阻抗、失真、动态以及不同的使用范围和控制调节功能，不同的功放在内部的信号处理、线路设计和生产工艺上也各不相同。

功放芯片常见型号有：TDA7388、YC7388、TB2929、TDA7850、TDA7851等。

功放芯片一般为25针。只要是25针的功放芯片，不管什么型号，都可以任意代换。

图 4-6 功放芯片

在导航机中，功放芯片对前置音频切换过来的声音进行放大（前左、前右、后左、后右），8 根喇叭线输出四个声音至电源插头，每个喇叭 2 根线，喇叭线输出电压为 6V 左右。

4.5.2 功放芯片参考原理图

功放芯片参考原理图如图 4-7 所示。

4.5.3 功放芯片引脚说明

功放芯片引脚如图 4-8 所示，说明如下。

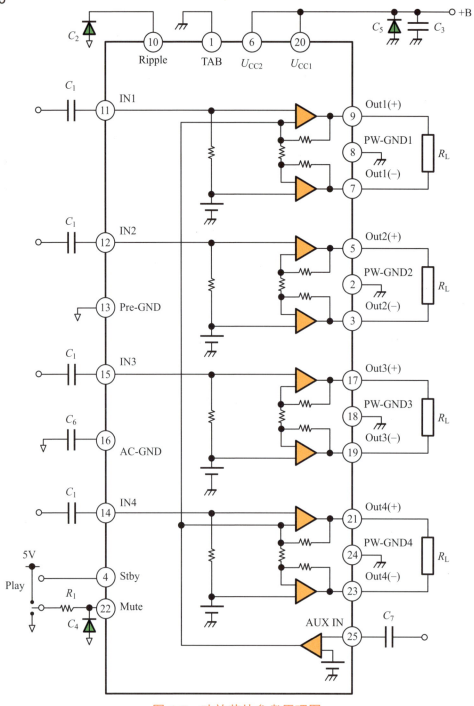

图 4-7 功放芯片参考原理图

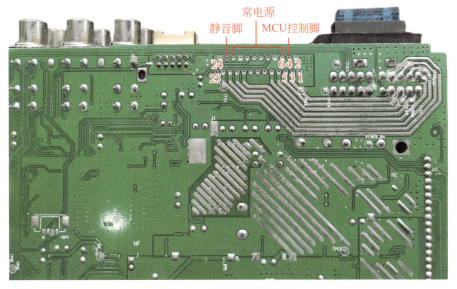

图 4-8　功放芯片引脚

❶ 6 脚、20 脚：常电源。
❷ 1 脚、2 脚、8 脚、13 脚、18 脚、24 脚：搭铁。
❸ 11 脚、12 脚、14 脚、15 脚：喇叭信号输入。
❹ 7 脚和 9 脚一路输出，3 脚和 5 脚一路输出。
❺ 17 脚和 19 脚一路输出，21 脚和 23 脚一路输出。
❻ 4 脚为基准电压，受 MCU 控制，一般电压为 3～8V。
❼ 22 脚电压为 3～8V（静音脚）。

4.5.4　静音脚的 2 种控制方式

导航机通常会遇到能正常开机，但无声音输出现象，有可能是静音电路出现故障导致的，导航机静音脚通常有 2 种控制方式，可以参考图 4-9 和图 4-10。

方式 1

MCU 通过阻容元件控制静音脚（功放芯片 22 脚）。

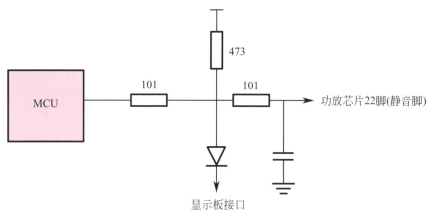

图 4-9　静音脚控制方式（一）

方式 2

MCU 通过三极管控制静音脚（功放芯片 22 脚）。

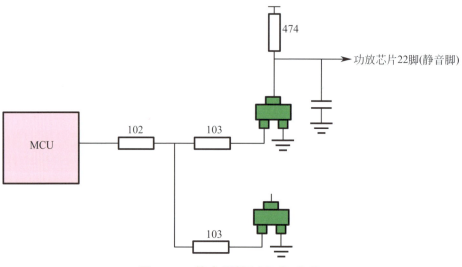

图 4-10　静音脚控制方式（二）

4.5.5　功放芯片常见故障分析

❶ 有杂音或有的喇叭没声音。测量喇叭电压为 1V 或低于 4V，一

般拆开喇叭后会发现功放芯片上面有裂痕，更换功放芯片后声音正常，电压恢复至 6V 左右。

❷ 短路烧保险。当机器短路时，首先检查瞬态二极管，然后检查功放芯片。

❸ 漏电（故障少）。更换该芯片。

4.6 前置音频切换芯片

4.6.1 前置音频切换芯片的作用

该芯片的作用是对来自各功能部件的声音进行切换，这些声音来源包括：收音机、蓝牙、DVD、导航板、AOX 等。此芯片受 MCU 控制，MCU 通过 2 条数据线 SCL、SDA（类似 CAN 线）连接到前置音频切换芯片，对前置音频切换芯片进行控制，声音调大、调小、声场和音效调节都由这个芯片控制。

前置音频切换芯片也称音频 ICPSP。常见型号有 BP35734PV、CD2313、BD3702、TDA7419、PT2313、CSC337534 等。

4.6.2 前置音频切换芯片的 2 种位置布置方式

前置音频切换芯片的位置布置方式主要有以下 2 种。

方式 1

前置音频切换芯片在功放芯片前端，如图 4-11 所示。

方式 2

前置音频切换芯片集成到导航模块内，如图 4-12 所示。

图 4-11 前置音频切换芯片位置布置方式（一）

图 4-12 前置音频切换芯片位置布置方式（二）

4.6.3 前置音频切换芯片参考原理图（导航模块内）

前置音频切换芯片（导航模块内）参考原理图如图 4-13 所示。

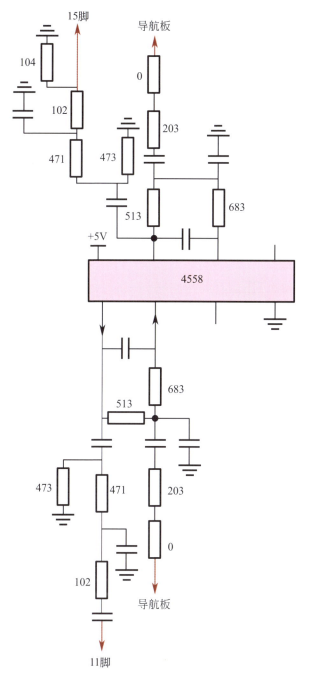

图 4-13 前置音频切换芯片参考原理图（导航模块内）

4.6.4 前置音频切换芯片引脚定义

前置音频切换芯片引脚定义如图4-14和表4-1所示。

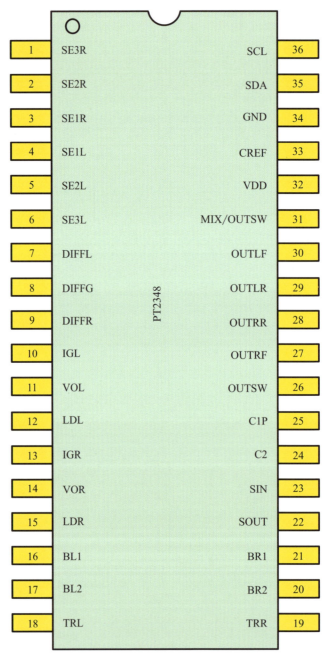

图4-14 前置音频切换芯片引脚定义

表 4-1　前置音频切换芯片引脚定义说明

引脚名称	I/O	描述	PIN 号
SE3R	I	单端右声道输入 3	1
SE2R	I	单端右声道输入 2	2
SE1R	I	单端右声道输入 1	3
SE1L	I	单端左声道输入 1	4
SE2L	I	单端左声道输入 2	5
SE3L	I	单端左声道输入 3	6
DIFFL	I	左伪差分立体声输入	7
DIFFG	I	伪差分常见的立体声输入	8
DIFFR	I	伪差分立体声输入正确	9
IGL	O	左声道输入、选择器输出	10
VOL	I	左声道音量输入	11
LDL	I	左声道响度输入	12
IGR	O	右声道输入，选择器输出	13
VOR	I	右声道音量输入	14
LDR	I	右声道响度输入	15
BL1	I	左声道低音 1	16
BL2	O	左声道低音 2	17
TRL	I	左声道高音上限	18
TRR	I	右声道高音上限	19
BR2	O	右声道低音 2	20
BR1	I	右声道低音 1	21
SOUT	O	R+L 输出（-6dB 增益）	22
SIN	I	低音炮输入过滤器	23

续表

引脚名称	I/O	描述	PIN 号
C2	I	低音炮过滤器 2	24
C1P	I	低音炮过滤器 1	25
OUTSW	O	低音扬声器输出	26
OUTRF	O	右前输出	27
OUTRR	O	右后输出	28
OUTLR	O	左后输出	29
OUTLF	O	左前输出	30
MIX/OUTSW	I/O	混合输入/重低音输出	31
VDD	—	电源电压	32
CREF	I	模拟参考电压(1/2 VDD)	33
GND	—	地	34
SDA	I	SDA 输入	35
SCL	I	SCL 输入	36

4.6.5　前置音频切换芯片参考原理图(功效芯片前端)

前置音频切换芯片(功效芯片前端)参考原理图如图 4-15 所示。

4.6.6　前置音频切换芯片供电

前置音频切换芯片(图 4-16)供电一般为 9V 供电电源(型号为 7809),5V 和 8V 供电电源较少。

4.6.7　前置音频切换芯片框图

前置音频切换芯片框图如图 4-17 所示。

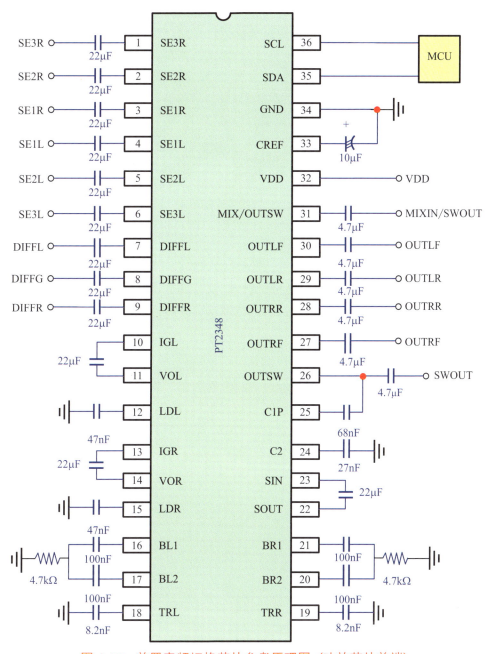

图 4-15 前置音频切换芯片参考原理图（功效芯片前端）

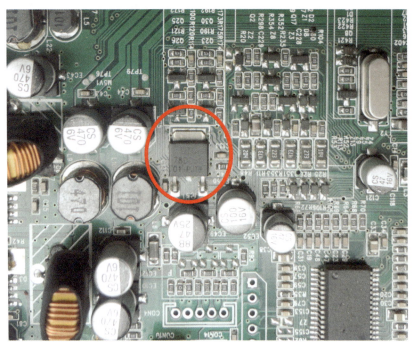

图 4-16　前置音频切换芯片

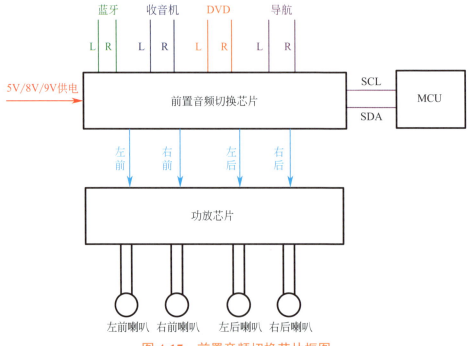

图 4-17　前置音频切换芯片框图

4.6.8 前置音频切换芯片常见故障分析

❶ 没有声音。首先测量此芯片供电（5V、8V、9V）是否正常，若正常则更换芯片。

❷ 声音断断续续。一般为芯片损坏。

❸ 有时有声音，有时无声音。供电问题，检查 5Ω 或 10Ω 电阻。方易通 5000 导航模块前置音频芯片集成到导航模块内，当导航模块焊点脱焊时会出现喇叭没有声音的现象。

❹ 点触摸屏时，有"嘀嘀"声音，但放音乐时没有声音。一般为前置音频切换芯片损坏。

4.7 运放芯片

4.7.1 运放芯片的作用

运放芯片也称运算放大器，其作用是提高音质效果，声音经过运放芯片 4558 处理后音质会变得更好。

4.7.2 运放芯片的型号

4558（8 脚芯片），第 8 脚为供电脚（8～9V）。

4.7.3 运放芯片引脚定义

运放芯片引脚定义如图 4-18 所示。

4.7.4 运放芯片参考原理图

运放芯片参考原理图见图 4-19。

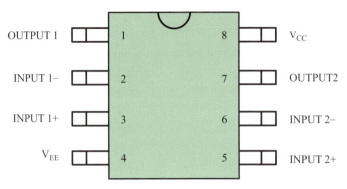

图 4-18　运放芯片引脚定义

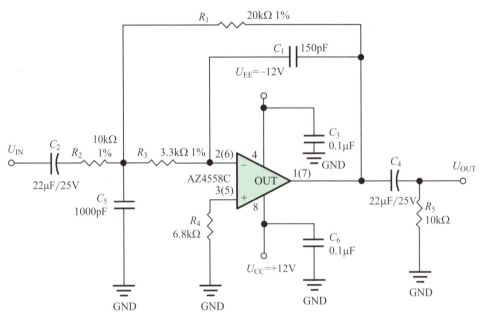

图 4-19　运放芯片参考原理图

4.7.5　运放芯片在汽车导航中的实际运用

运放芯片在汽车导航中的实际运用如图 4-20 所示。

4.7.6　运放芯片的 2 种位置布置方式

运放芯片在导航机中的布置方式主要有以下 2 种。

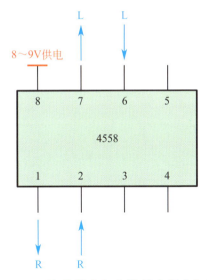

图 4-20　运放芯片在汽车导航中的实际运用

1—右声道输出；2—右声道输入；6—左声道输入；7—左声道输出

方式 1

在前置音频切换芯片前面，作为蓝牙或机芯板的独立运放（一般只有一个），如图 4-21 所示。

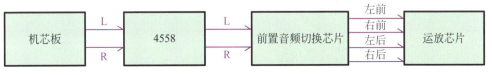

图 4-21　运放芯片位置布置方式（一）

方式 2

在前置音频切换芯片后面，前置音频切换过来的 4 声道经过运放 4558 芯片处理后进入运放芯片进行放大，让音质变得更好，如图 4-22 所示。

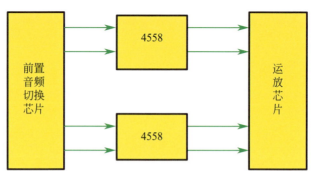

图 4-22　运放芯片位置布置方式（二）

4.7.7　导航机中运放芯片参考原理图

导航机中运放芯片实物如图 4-23 所示，其参考原理如图 4-24 所示。

图 4-23　导航机中运放芯片实物

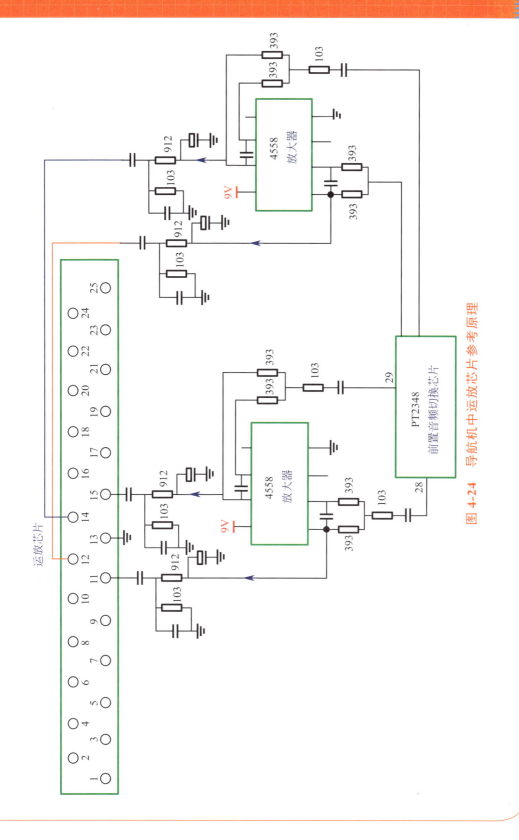

图 4-24 导航机中运放芯片参考原理

4.7.8　运放芯片常见故障分析

运放芯片损坏时，一般会出现以下故障现象。

❶ 通过蓝牙放音乐，声音调大时，杂音越来越大。

❷ 放碟、放CD、放U盘，有杂音，其他功能声音正常。

❸ 左前、右前喇叭没有声音，左后、右后喇叭有声音。

4.8　音频切换辅助芯片

4.8.1　音频切换辅助芯片的作用

该芯片是用来辅助前置音频切换芯片的。由于前置音频切换芯片切换不了多个声道，因此外置一个辅助芯片，此芯片受MCU控制，和前置音频切换芯片供电是一起的，为5V、8V、9V。

4.8.2　音频切换辅助芯片的型号

常见型号：74HC4052、HEF4052、CD4052等。下面以74HC4052为例进行说明。

（1）74HC4052引脚定义（图4-25）

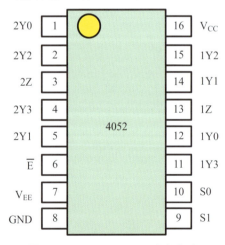

图4-25　74HC4052引脚定义

（2）74HC4052 引脚说明（表 4-2）

表 4-2　74HC4052 引脚说明

引脚	符号	功能	引脚	符号	功能
1Y	0B	B 路独立输入/输出	9S	1	选择输入
2Y	2B	B 路独立输入/输出	10S	0	选择输入
3Z	B	A、B 路各自共用输入/输出	11Y	3A	A 路独立输入/输出
4Y	3B	B 路独立输入/输出	12Y	0A	A 路独立输入/输出
5Y	1B	B 路独立输入/输出	13Z	A	A、B 路各自共用输入/输出
6	$\overline{E}$	使能输入（低电平有效）	14Y	1A	A 路独立输入/输出
7V	EE	负电源电压	15Y	2A	A 路独立输入/输出
8V	SS	接地	16V	DD	正电源电压

（3）74HC4052 芯片内部框图（图 4-26）

4.8.3　音频切换辅助芯片的位置布置

离前置音频切换芯片很近，一般就在旁边，如图 4-27 所示。

4.8.4　音频切换辅助芯片参考原理图

导航机实测 74HC4052 电路，即参考原理图如图 4-28 所示。

4.8.5　音频切换辅助芯片框图

音频切换辅助芯片框图如图 4-29 所示。

4.8.6　音频切换辅助芯片常见故障分析

导航和蓝牙音乐都没有声音，更换此芯片。

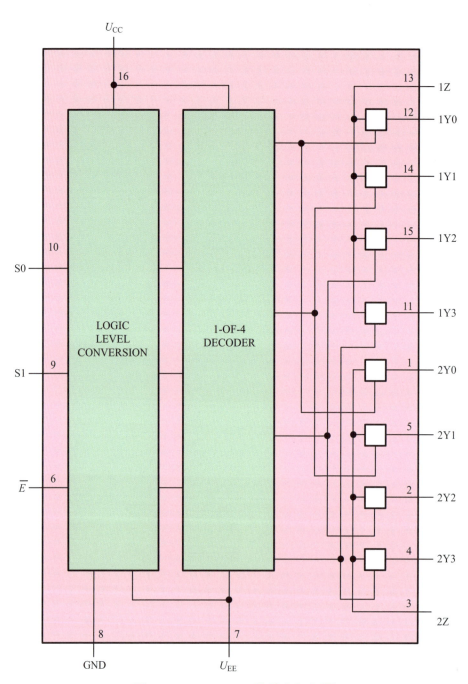

图 4-26　74HC4052 芯片内部框图

图 4-27 音频切换辅助芯片的位置布置

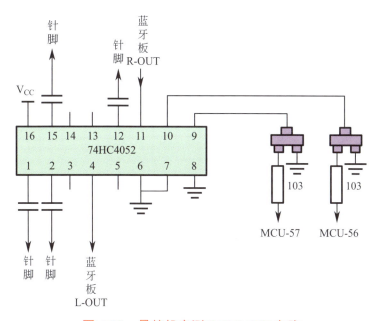

图 4-28 导航机实测 74HC4052 电路

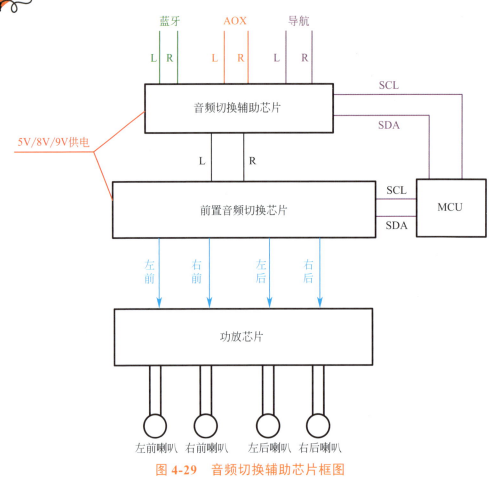

图 4-29 音频切换辅助芯片框图

4.9 视频切换辅助芯片

4.9.1 视频切换辅助芯片的作用

视频切换辅助芯片主要用于对输入的视频进行切换，然后送入显示芯片。视频包括倒车视频、AUX 视频、机芯板视频等。

此芯片受 MCU 控制，供电为 5V，有些会有一个单独的 7805 电源芯片进行供电，如果没有就和其他芯片共用一个电源芯片。

4.9.2 视频切换辅助芯片的型号

视频切换辅助芯片常见型号有：6502、6501、FMS6501、FMS6502。视频切换辅助芯片 FMS6502 引脚定义如图 4-30 所示。

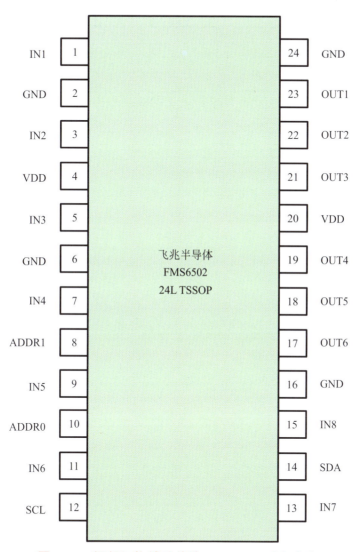

图 4-30　视频切换辅助芯片 FMS6502 引脚定义

4.9.3 视频切换辅助芯片引脚说明

视频切换辅助芯片 FMS6502 引脚说明如表 4-3 所示。

表 4-3 视频切换辅助芯片 FMS6502 引脚说明

引脚	符号	功能	描述
1	IN1	输入	输入，通道 1
2	GND	接地	必须连接到地
3	IN2	输入	输入，通道 2
4	VDD	输入	正电源
5	IN3	输入	输入，通道 3
6	GND	接地	必须连接到地
7	IN4	输入	输入，通道 4
8	ADDR1	输入	选择 2C 类地址
9	IN5	输入	输入，通道 5
10	ADDR0	输入	选择 2C 类地址
11	IN6	输入	输入，通道 6
12	SCL	输入	串行时钟为 2C 端口
13	IN7	输入	输入，通道 7
14	SDA	输入	串行数据的 2C 端口
15	IN8	输入	输入，通道 8
16	GND	接地	必须连接到地
17	OUT6	接地	输出，通道 6
18	OUT5	接地	输出，通道 5
19	OUT4	接地	输出，通道 4
20	VDD	输入	正电源
21	OUT3	接地	输出，通道 3
22	OUT2	接地	输出，通道 2
23	OUT1	接地	输出，通道 1
24	GND	接地	必须连接到地

4.9.4　视频切换辅助芯片的位置布置

视频切换辅助芯片如果没有被集成到导航模块，一般离视频输入插头比较近，如图 4-31 所示。

图 4-31　视频切换辅助芯片的位置布置

4.9.5　视频切换辅助芯片参考原理图

汽车导航板实测电路，即参考原理图如图 4-32 所示。

4.9.6　视频切换辅助芯片框图

视频切换辅助芯片框图如图 4-33 所示。

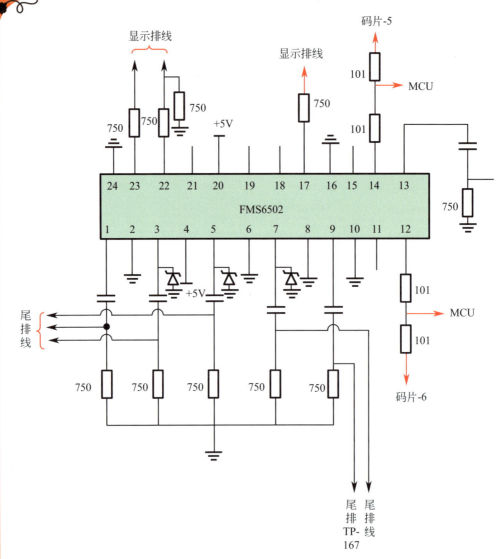

图 4-32　汽车导航板实测电路

4.9.7　视频切换辅助芯片常见故障分析

放 DVD 碟片时，屏幕没有图像显示，显示灰屏，但是声音都正常，并且挂倒车挡时图像可以切换过来，但显示灰屏或"请输入倒车视频"。对于这种故障，先检查视频切换辅助芯片供电，如果正常则更换视频切换辅助芯片（FMS6502）。

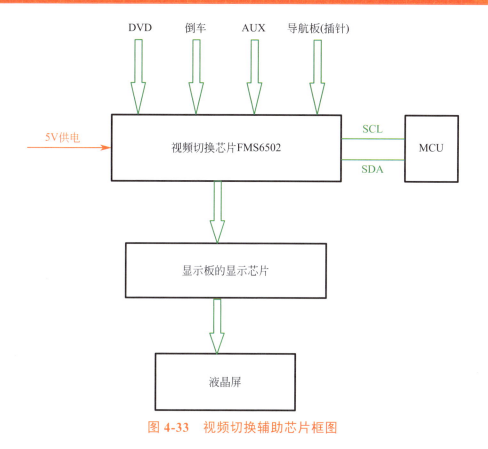

图 4-33 视频切换辅助芯片框图

4.10　收音机模块

4.10.1　收音机模块的作用

收音机模块的作用是接收电台信号，此模块既受 MCU 芯片控制，也受导航模块控制。

4.10.2　收音机模块的位置布置

一般位于主板的边缘，靠近导航机尾线，通常用一个屏蔽罩罩起来，防止外界其他信号干扰，如图 4-34 所示。

图 4-34　收音机模块的位置布置

4.10.3　收音机模块框图

收音机模块框图如图 4-35 所示。

4.10.4　收音机模块常见故障分析

❶ 没有声音,在收音机界面触摸搜台也不自动搜索。检查供电,或者收音机本身损坏。

❷ 有声音，搜不到台。检查天线，更换收音机模块。

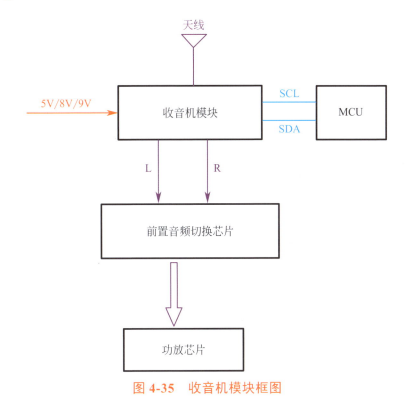

图 4-35　收音机模块框图

4.11　蓝牙模块

4.11.1　蓝牙模块的作用

蓝牙模块的作用是连接手机蓝牙，听音乐或者打电话。

4.11.2　蓝牙模块的 3 种位置布置方式

有些蓝牙模块位于主板上（插针式）；有些位于显示板上（焊点式）；有些和导航模块集成在一起（集成式），常用铁壳罩起。

（1）位于主板上（插针式）（图 4-36）

图 4-36 插针式蓝牙模块

(2) 位于显示板上(焊点式)(图 4-37)

图 4-37 焊点式蓝牙模块

（3）和导航模块集成在一起（集成式），常用铁壳罩起（图 4-38）

图 4-38　集成式蓝牙模块

4.11.3　蓝牙模块的特征

有天线，工作电压一般为 5V。

4.11.4　蓝牙模块框图

蓝牙模块框图如图 4-39 所示。

4.11.5　蓝牙模块常见故障分析

❶ 手机搜不到蓝牙模块。检查供电或者更换蓝牙模块。
❷ 蓝牙可以连接上但是用不了。更换。
❸ 可以搜到蓝牙名称，但是连不上。更换。
❹ 可以听到对方声音，但是对方听不到你的声音。耳麦损坏，更换。

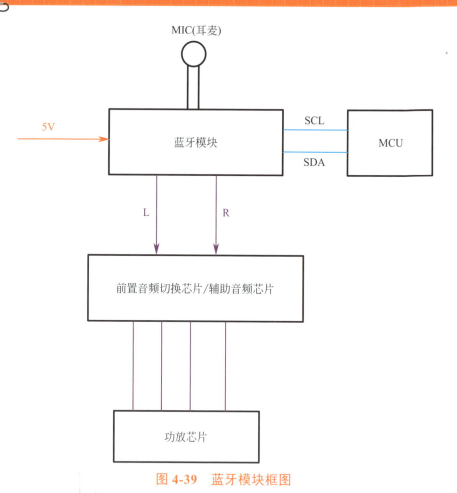

图 4-39　蓝牙模块框图

4.12　MCU 芯片

4.12.1　MCU 芯片的型号及特征

MCU 芯片（图 4-40）常见品牌有三星、东芝、松下、STM 等；MCU 芯片的特征是附近有很多排阻、电阻、带晶振，引脚多、芯片外形方正，一般位于主板上；MCU 芯片供电电压一般为 3.3V 或 5V。

(a)

(b)

图 4-40 MCU 芯片

4.12.2　MCU 芯片的 5 大作用

MCU 芯片主要用于接收来自各开关的信号（倒车开关信号、ACC 开关信号、面板按键开关信号和小灯开关等），控制电源芯片以及对声音或视频信号进行处理等。

面板上所有按键以及方向盘控制信号都受它控制（图 4-41）。

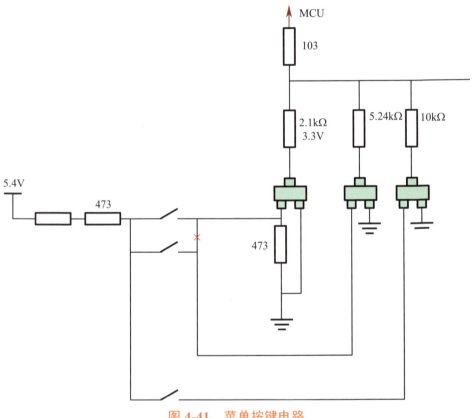

图 4-41　菜单按键电路

开关信号包括：声音旋钮、导航、收音机、静音、进出碟。
按键开关常见故障分析：
a. 当按音量加时正常，有时按音量减也变成加，更换音量旋钮；

b. 如果出现所有按钮全部失效的现象，可能是其中某个按钮卡死导致的；

c. 如果有个别按键功能错乱了，则为按键本身问题，更换。

控制整机电源芯片。

❶ 主板供电：9435（场管）。
❷ 显示板供电：1507、1584、2303。
❸ 机芯板供电：1507、1584、2303。

作用 3

MCU 控制主板、显示板、机芯板、导航板上各功能芯片及模块。MCU 芯片工作框图如图 4-42 所示。

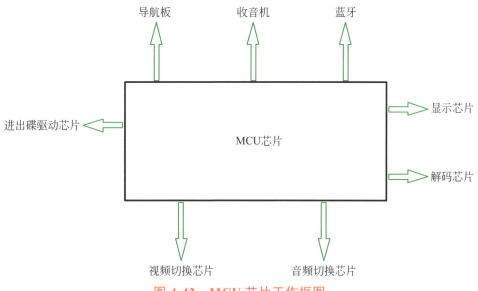

图 4-42　MCU 芯片工作框图

MCU 功能检测：ACC、倒车、手刹、小灯等。

MCU 功能检测工作框图如图 4-43 所示。MCU 芯片实测 ACC 控制电路如图 4-44 所示。

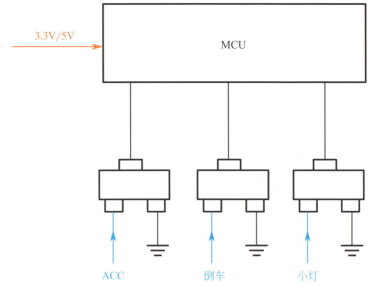

图 4-43　MCU 功能检测框图

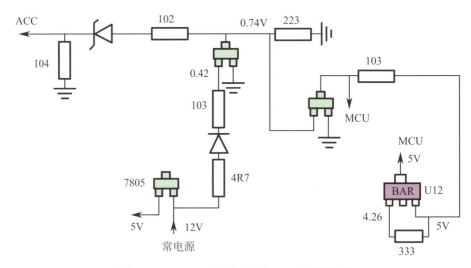

图 4-44　MCU 芯片实测 ACC 控制电路

 作用 5

处理原车信息如图 4-45 所示。

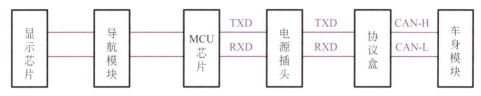

图 4-45　处理原车信息

4.12.3　MCU 芯片控制开关机的必备元器件

MCU 芯片控制开关机电路如图 4-46 所示，其控制开关机的必备元器件如下。

❶ MCU 供电：3.3V/5V（通过为常电源供电）。
❷ 晶振。
❸ 电源开关。
❹ 复位开关。
❺ ACC（打开点火开关）。

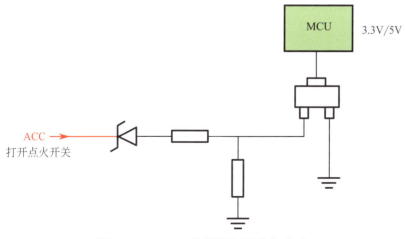

图 4-46　MCU 芯片控制开关机电路

注意：刷机时不能刷 MCU 软件，否则可能开不了机，或按键功能错乱或失效，多功能不正常。

4.13　MCU 记忆芯片

4.13.1　MCU 记忆芯片的作用

MCU 记忆芯片用于记忆机器断电前的状态。比如关 ACC 之前是在蓝牙界面，关机后再开机还会回到蓝牙界面，主要记忆功能界面和声音大小。

4.13.2　MCU 记忆芯片的型号及位置布置

❶ 常用型号：ATM24C08。

❷ 位置：这是一个 8 脚芯片，一般离 MCU 芯片比较近，或者被集成到 MCU 芯片里面，如图 4-47 所示。

图 4-47　MCU 记忆芯片的位置布置

4.13.3　MCU 记忆芯片常见故障分析

MCU 记忆芯片损坏时，一般会出现以下故障现象。

❶ 没有记忆功能。

❷ 开机后音量自动到最大。

第 5 章

导航显示部分

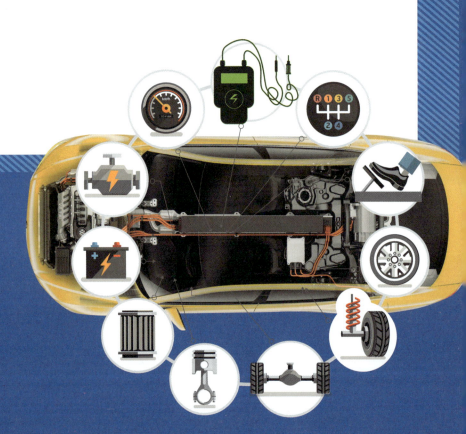

显示部分主要用于图像显示，显示部分包括显示主板、显示屏、触摸屏和物理按键。

显示主板主要由 8 个部分组成：

❶ 显示板供电（5V 电源芯片）；
❷ 显示芯片供电（1.8V 和 3.3V 电源芯片）；
❸ 显示芯片；
❹ 背光升压芯片；
❺ 正负压芯片；
❻ 触摸芯片；
❼ 导航模块；
❽ 蓝牙模块。

5.1　显示板供电

5.1.1　显示板供电电源芯片

显示板供电电源芯片一般采用 5V 电源，该电源芯片一般在主板上，个别导航机显示板供电电源芯片在显示板上。

该电源芯片特点是：12V 输入降压成 5V 输出，给整个显示板提供 5V 电源，这个芯片受 MCU 控制。

常见电源芯片型号有 1507、1584、1410 等。

显示板供电电源芯片在主板上的位置如图 5-1 所示。

5.1.2　显示板供电电源芯片常见故障分析

❶ 导航模块没在显示板上。电流达不到正常开机要求；碟片有声音，只是黑屏，没有图像显示；触摸屏失灵，按键可以用。出现这些故障一般为显示板供电电源芯片损坏，需更换。

❷ 导航模块在显示板上。无法开机、没有声音、触摸屏失灵、机

器没有任何反应、导航模块 LED 不亮（如果出现 LED 常亮不闪说明数据损坏）。出现这些故障一般为显示板供电电源芯片损坏，需更换。

图 5-1　显示板供电电源芯片在主板上的位置

5.2　显示芯片供电

5.2.1　显示芯片供电电源芯片

显示板供电电源芯片供过来的 5V 电源，再通过 1.8V/3.3V 电源芯片给显示芯片供电。如图 5-2 所示为 1.8V 和 3.3V 电源芯片。

5.2.2　显示芯片供电电路

显示芯片供电电路如图 5-3 所示。

图 5-2　1.8V 和 3.3V 电源芯片

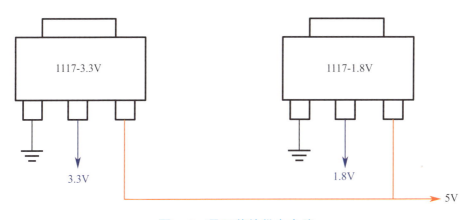

图 5-3　显示芯片供电电路

5.2.3　显示芯片供电常见故障分析

显示芯片供电不正常时，一般会出现以下故障现象。

❶ 花屏。但是声音和触摸都正常，只是屏幕花屏。
❷ 白屏。但是声音和触摸都正常，只是屏幕白屏。
❸ 灰屏。声音和触摸都正常。
❹ 一半显示正常，一半显示白屏，声音和触摸都正常。

5.3　显示芯片

5.3.1　显示芯片的作用

由导航模块或视频切换芯片或倒车影像输入过来的视频信息会进入显示芯片。显示芯片对输入过来的视频信号进行处理，把它们变成电信号来驱动液晶屏形成图像，显于芯片供电为1.8V/3.3V。

5.3.2　显示芯片常见型号

显示芯片常见型号：T107BL；TW8816；T123A；TW8823；MST776；T120TA。

5.3.3　显示芯片的位置布置

显示芯片离液晶屏排线插头很近（图5-4），有些被集成到导航模块上，有些甚至被集成到导航模块CPU内。显示芯片有很多电感、电容、电阻的这部分是视频输入端；有很多排阻的则为视频输出端。

5.3.4　显示芯片常见故障分析

显示芯片损坏时，一般会出现以下故障现象。
❶ 白屏。声音和触摸屏都正常。
❷ 重影。声音和触摸屏都正常。
❸ 花屏。少供电、晶振、显示芯片本身损坏。
❹ 没有倒车影像。

图 5-4　显示芯片的位置布置

5.4　背光电路

5.4.1　背光电路的作用

背光电路的作用是将显示板供电电源芯片供过来的 5V 电，经过电感升压后，再经过二极管整流成直流电供给背光灯光管，提供 10V 左右的电压，大屏幕需要 14V 或 15V 的电压。背光芯片受 MCU 控制或导航模块控制。

5.4.2 背光升压芯片的型号

背光升压芯片型号：IL6××；IN6××。

5.4.3 背光升压芯片的位置布置及特点

如图 5-5 所示，背光升压芯片一般离背光灯管插头很近，且该芯片旁边有电感和整流二极管。背光升压芯片一般为 6 脚芯片，但是也有 5 脚和 8 脚的。

图 5-5 背光电路升压芯片的位置

5.4.4 背光升压电路

背光升压电路如图 5-6 所示。

5.4.5 背光升压芯片常见故障分析

背光升压芯片损坏时，一般会出现以下故障现象。

❶ 导航黑屏，但声音和触摸都正常。

❷ 开小灯屏幕黑屏，关小灯屏幕又亮起。

❸ 短路。显示板供电电源芯片烧坏。

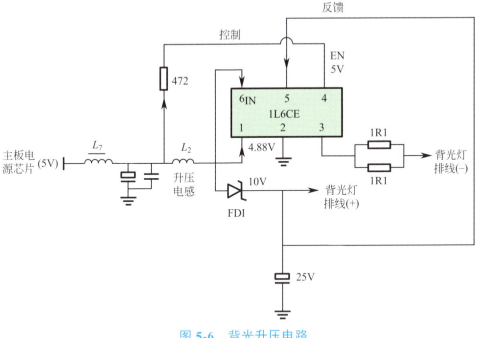

图 5-6 背光升压电路

5.5 正负压电路

5.5.1 正负压电路的作用

正负压电路将显示板供电电源供过来的 5V 电源，经过电感进行升压，然后经过整流二极管整流成 10V 直流电，再经过两个三极管变成 15V 和 -7V 的电，供给液晶屏，正负压芯片不受控制，只要有 5V 供电就有正负电压输出。正负压芯片如图 5-7 所示。

5.5.2 正负压芯片的型号

正负压芯片型号：ID9××。

5.5.3 正负压芯片的 4 大特征

❶ 5 脚芯片或 6 脚升压芯片。

❷ 附近有电感。

❸ 整流二极管。

❹ 附近有几个三极管。

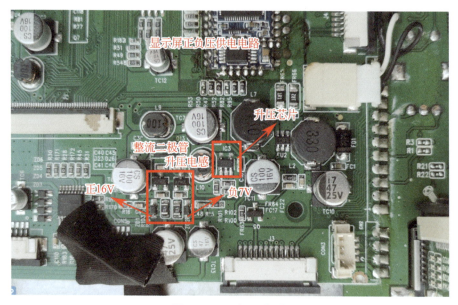

图 5-7 正负压芯片

5.5.4 显示屏正负供电电路

显示屏正负供电电路如图 5-8 所示。

5.5.5 正负压芯片常见故障分析

正负压芯片损坏时，一般会出现以下故障现象。

❶ 白屏。声音和触摸都正常。从正面看是白屏，但从侧面可以看到液晶屏里面有图像的影子。

❷ 花屏。声音和触摸都正常。

❸ 灰屏。声音和触摸都正常。

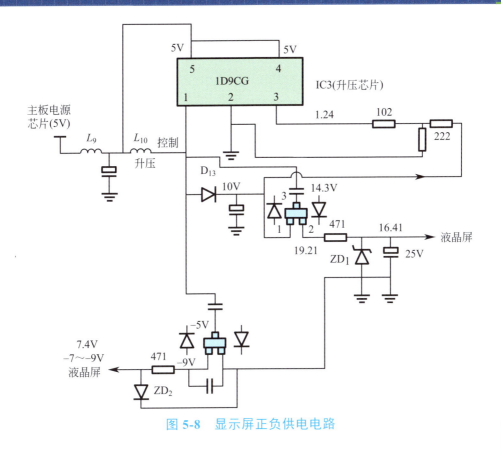

图 5-8　显示屏正负供电电路

5.6　液晶显示屏

5.6.1　液晶显示屏的作用

液晶显示屏采用两片极化材料中的液体水晶溶液,当电流通过该液体时水晶会重新排列以达到成像的技术原理,主要用于处理图像和触摸操作。

5.6.2　液晶显示屏的尺寸

液晶显示屏由液晶屏和触摸屏组成。常见尺寸: 6.2in、7in、8in、

9in、10.1in（1in=2.54cm）。

液晶显示屏正面如图5-9所示。

图 5-9　液晶显示屏正面

液晶显示屏反面如图5-10所示。

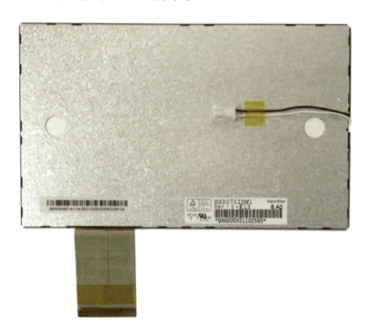

图 5-10　液晶显示屏反面

5.6.3 液晶显示屏常见故障分析

液晶显示屏损坏时,通常会出现以下故障现象。

❶ 白屏。声音和触摸都正常。

❷ 花屏。可以看到里面有一点点图像的影子,点击触摸屏或按下物理按键时花屏会有一点点变化。

❸ 灰屏。声音和触摸都正常。

❹ 一半显示正常,一半显示花屏。

❺ 有亮线,正常图像中间或两边会有竖线。

❻ 屏幕漏光,屏幕四个角上偏白。

❼ 偏色变模糊。

❽ 图像上下颠倒或左右颠倒(液晶屏排线接触不良,重新插一下液晶屏排线)。

5.6.4 背光灯管

背光灯管(图 5-11)安装在显示屏内部。出现故障后屏幕黑屏,用强光手电照射液晶屏,可以看到里面的图像,只是黑屏,声音和触摸都正常。对于这种故障,直接更换背光灯管即可。

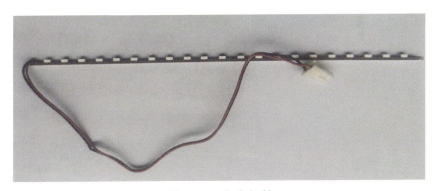

图 5-11 背光灯管

5.6.5 触摸屏

触摸屏(图 5-12)分为电阻屏(4 针,没有触摸芯片)和电容屏(6

针,屏线上有触摸芯片)。

(1) 触摸屏电压测量

触摸屏排线上有 2 根线的电压为 2.8V,另外 2 根没有电压。当点击触摸屏时另外 2 根就有电压了,此时 2.8V 线可能就没有电压了。

(2) 触摸屏电阻值测量

1 脚和 3 脚之间的电阻一般为 250Ω 左右;2 脚和 4 脚之间的电阻一般为 700Ω 左右,若不正常则更换触摸屏。

图 5-12　触摸屏

5.6.6　触摸芯片

电阻屏触摸芯片(图 5-13)一般被集成到导航模块内部;电容屏有单独的触摸芯片,一般都在屏排线上面,供电电压为 5V。触摸芯片用于将触摸屏信息转换成电压信号,传输给 MCU。

5.6.7　触摸屏常见故障分析

❶ 触摸失灵。直接更换触摸屏。

❷ 有时触摸正常,有时触摸失灵。直接更换触摸屏。

图 5-13　触摸芯片

第6章

导航机芯部分

导航机芯部分主要由机芯板、电机、激光头和支架等组成。机芯板也称解码板，主要功能是控制读碟、读U盘和读CD。

机芯板主要由电源芯片、解码芯片、缓存芯片、机芯数据芯片和电机驱动芯片等组成。

如图6-1所示为机芯板。

图6-1　机芯板

如图6-2所示为电机、激光头和支架。

图 6-2 电机、激光头和支架

6.1　机芯板电源芯片

6.1.1　机芯板电源芯片的作用

主板上，机芯板电源芯片将 5V 电源输入到 1.8V/3.3V 电源芯片，从而将 5V 电源第二次降压到 1.8V 和 3.3V，给解码芯片供电。

如图 6-3 所示为主板上机芯供电的 5V 电源芯片。

图 6-3　主板上机芯供电的 5V 电源芯片

6.1.2　机芯板电源芯片的型号

供电电源芯片（供电电压为 1.8V 和 3.3V）如图 6-4 所示，常见型号：1117-1.8V；1117-3.3V。

6.1.3　机芯板电源芯片常见故障

机芯板电源芯片损坏，通常会出现不读碟片、不读 SD 卡、不读 U 盘的"三不读"现象。

图 6-4　供电电源芯片

6.2　解码芯片

6.2.1　解码芯片的作用

❶ 激光头读取碟片的数据并送到解码芯片。

❷ 将 SD 卡数据送入解码芯片。

❸ 将 U 盘数据送入解码芯片。解码芯片将这些数据进行解码，解码出音频左右（L、R）声道和视频（U），音频送入前置音频切换芯片，视频送入视频切换芯片。此芯片受 MCU 控制。

6.2.2　解码芯片的型号

❶ 林阳解码芯片：SPHE820DQ；SPH28202VGQ。

❷ 联发科解码芯片：MT1389DE。

❸ 卓然解码芯片：ZR39×。

如图 6-5 所示为卓然解码芯片。

图 6-5　卓然解码芯片

6.2.3　解码芯片框图

解码芯片框图如图 6-6 所示。

6.2.4　解码芯片常见故障分析

解码芯片损坏时，通常会出现以下故障现象。

❶ 芯片短路，非常烫。

❷ "三不读"，即不读碟片、不读 SD 卡、不读 U 盘。

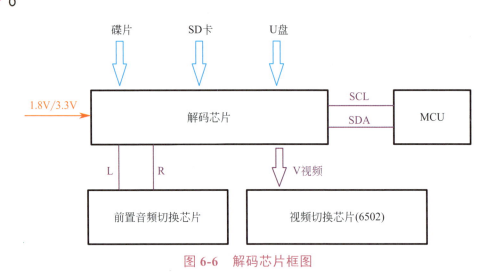

图 6-6　解码芯片框图

6.3　缓存芯片

6.3.1　缓存芯片的作用

　　缓存芯片（图 6-7）也叫运行内存。解码芯片读取碟片、SD 卡、U 盘中的大部分数据，先存储到缓存芯片，然后从缓存芯片里面读出这些数据，解码芯片把这些数据解码成音频和视频，保证导航图像和声音的流畅性。缓存芯片一般都是应用在产生图像和处理大量数据的地方。

6.3.2　缓存芯片的型号

　　缓存芯片常见型号：K9S281632K；W9812G6IH-6；HY57V641620FTP-6。

6.3.3　缓存芯片框图

　　缓存芯片框图如图 6-8 所示。

图 6-7 缓存芯片

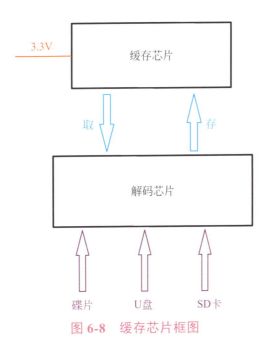

图 6-8 缓存芯片框图

6.3.4 缓存芯片常见故障分析

缓存芯片损坏时，通常会出现以下故障现象。

❶ 短路。

❷ "三不读"，即不读碟片、不读SD卡、不读U盘。

❸ 读碟片、读SD卡、读U盘都非常卡顿。

6.4 机芯数据芯片

6.4.1 机芯数据芯片的作用

机芯数据芯片（图6-9）用于存储机芯运转数据：读碟片、读SD卡、读U盘的翻译数据。

6.4.2 机芯数据芯片的型号

宽体8脚芯片：25L32；25L16；25T32；25T16。

图6-9　机芯数据芯片

6.4.3 机芯数据芯片常见故障分析

机芯数据芯片损坏时，一般会出现"三不读"，即不读碟片、不读 SD 卡、不读 U 盘。

6.5 解码芯片的记忆芯片

6.5.1 解码芯片的记忆芯片的作用

解码芯片的记忆芯片（图 6-10）的作用是记忆断电前读到第几首歌。

6.5.2 解码芯片的记忆芯片的型号

ATMLH×××，8 脚。

图 6-10 解码芯片的记忆芯片

6.5.3 解码芯片的记忆芯片常见故障分析

导航机没有记忆功能,每次开机都从第一首歌开始播放。此时,需更换解码芯片。

6.6 电机驱动芯片

6.6.1 电机驱动芯片的作用

电机驱动芯片用来驱动以下 3 个电机和激光头。
❶ 进出碟电机。
❷ 激光头加载电机。
❸ 碟片转动电机。
如图 6-11 所示为驱动电机。

图 6-11 驱动电机

6.6.2 电机驱动芯片的型号

电机驱动芯片（图6-12）常见型号：AM5888；D5668S。

图 6-12　电机驱动芯片

6.6.3 电机驱动芯片引脚定义

电机驱动芯片引脚定义如图 6-13 所示。

6.6.4 电机驱动芯片常见故障分析

电机驱动芯片损坏时，一般会出现以下故障现象。
❶ 碟片转动电机不工作。
❷ 不读碟片，激光头不打光。
❸ 发热严重，机芯上电机短路。

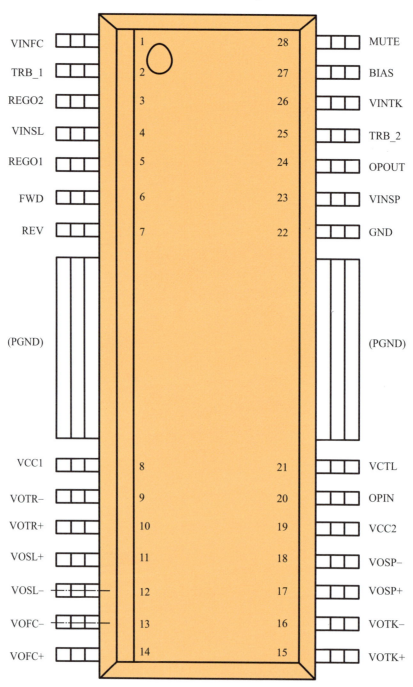

图 6-13 电机驱动芯片引脚定义

6.7　激光头

6.7.1　激光头的型号

激光头（图 6-14）的型号：1200WB；12XH；HD860。

图 6-14　激光头

6.7.2　激光头常见故障

激光头损坏时，通常会出现以下故障现象。

❶ 碟片转一下不转了，然后又转一下，最后彻底不转。

❷ 碟片顺转一段时间没读出来，又反转也没读出来。

❸ 碟片一直转，读不出来，显示"坏碟"或"碟片错误"。

❹ 只读 CD 碟，不读 DVD 碟。

❺ 不读 CD 碟。

第 7 章

导航模块

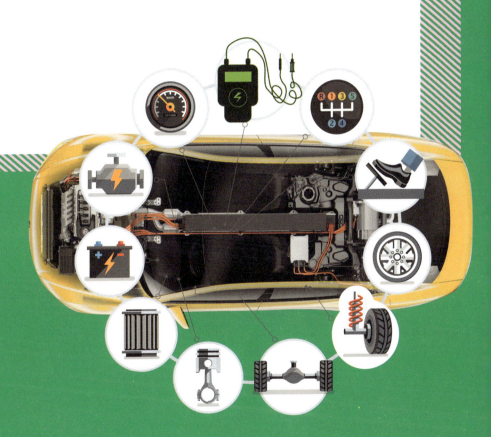

7.1 方易通导航模块

7.1.1 方易通导航模块的特征

❶ 导航模块上写有"FYT"字样的字母。
❷ 开机图标会显示"注意事项"这个界面。

7.1.2 方易通导航模块的组成

❶ CPU。
❷ 运行内存。
❸ 数据芯片。
❹ GPS卫星接收模块。
❺ 蓝牙模块。
❻ 解码芯片。
❼ 机芯数据芯片。
❽ DVD、激光头供电芯片。
❾ 音频切换芯片。
❿ 视频切换芯片。
⓫ 背光芯片。
⓬ 正负芯片。

7.1.3 方易通导航模块的型号

❶ CE系统：FYT5000；FYT5001；FYT5002；FYT5004；FYT9000；FYT9023；FYT9024；FYT9025；FYT9026；FYT9027；FYT9030；FYT9031。

❷ 安卓系统：FYT5006；FYT5009；FYT6021；FYT805。

如图7-1所示为方易通导航模块正面。如图7-2所示为方易通导航模块反面。

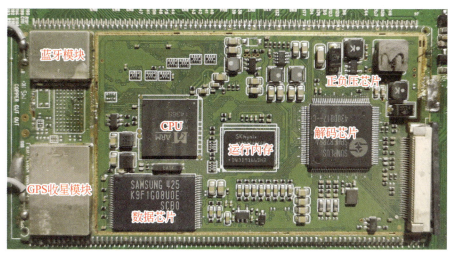

图 7-1　方易通导航模块正面

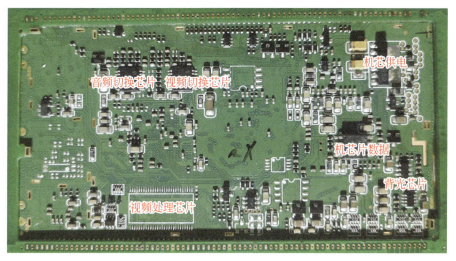

图 7-2　方易通导航模块反面

7.2　MT3360 导航模块

7.2.1　MT3360 导航模块的特征

❶ 主控芯片 CPU 为 MT3360。

❷ 开机图标底下有进度条。

7.2.2 MT3360 导航模块的组成

❶ 主控芯片 MT3360。

❷ CPU 集成了显示芯片、解码芯片、视频切换芯片、音频切换芯片。

❸ 两个运行内存。

❹ 数据芯片。

❺ 卫星接收模块。

❻ 蓝牙模块。

如图 7-3 所示为 MT3360 导航模块正面。如图 7-4 所示为 MT3360 导航模块反面。

图 7-3　MT3360 导航模块正面

图 7-4　MT3360 导航模块反面

7.3　浩科导航模块

7.3.1　浩科导航模块的型号

（HK××）：HK922 VK14，用于索尼、华阳。

7.3.2　浩科导航模块的特征

❶ 导航模块上有 HK××。
❷ 开机图标底下进度条为蓝色。

7.3.3 浩科导航模块的组成

❶ CPU。

❷ 运行内存。

❸ 数据芯片。

❹ 显示芯片。

❺ AT88SC 加密芯片。

第 8 章

导航机数据刷写

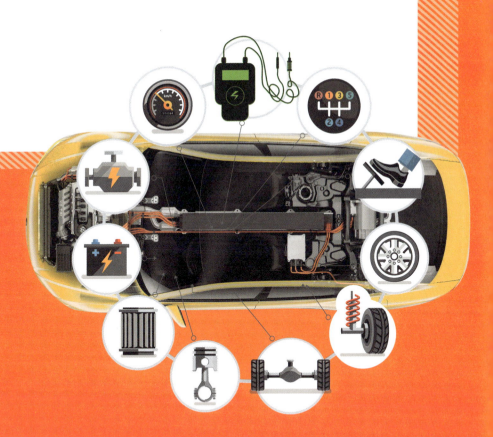

导航机数据丢失的故障率很高，遇到数据丢失的故障时需要刷写程序。

刷写方式有三种：直接插卡刷写；通过USB直接刷写（也叫线刷）；靠设备刷写。

以上三种刷写方式在日常维修过程中都会用到。目前市面上导航机数据刷写主要采用809H（图8-1），该设备软件及使用说明书在官网上都有。

以下介绍利用设备刷写的方法。

图8-1　809H

8.1　48引脚数据芯片刷写流程

8.1.1　数据读取过程

第一步　将数据芯片从电路板上拆下，焊接到适配器上。

❶ 从电路板上拆下芯片，如图 8-2 所示。

图 8-2　从电路板上拆下芯片

❷ 焊接到适配器上后，将适配器固定在连接座上，如图 8-3 所示。市场上也有免拆座产品出售。

图 8-3　将适配器固定在连接座上

📌 **第二步** 双击打开 809H 操作软件，809H 操作软件界面如图 8-4 所示，设备连接正常后会显示"OK"。

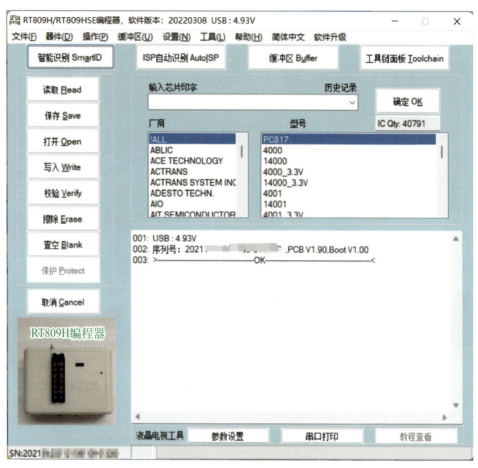

图 8-4　809H 操作软件界面

📌 **第三步** 在如图 8-5 所示标注框中输入芯片型号，然后点击右边的"确定"。

📌 **第四步** 点击左侧的"读取"，如图 8-6 所示。

📌 **第五步** 保存数据到固定的位置，如图 8-7 所示。

📌 **第六步** 等待数据自动读取完后，自动保存至如图 8-8 所示文件下。注意：直到显示下面红色框"OK"，说明数据读取完成。

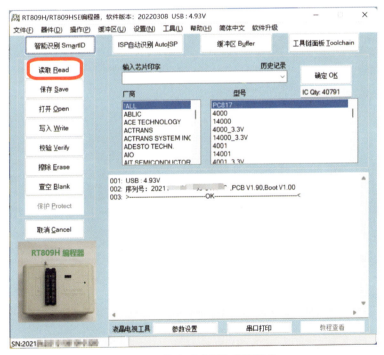

图 8-5　输入芯片型号

图 8-6　点击左侧的"读取"

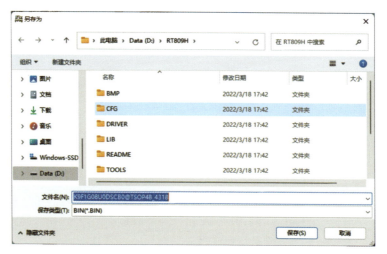

图 8-7　保存数据到固定的位置

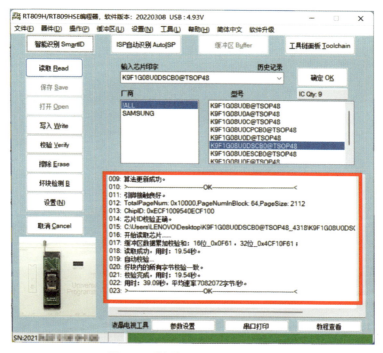

图 8-8　等待数据自动读取完

8.1.2　数据写入过程

第一步　还是先要选择芯片型号操作，然后点击左边的"写入"，如图 8-9 所示。

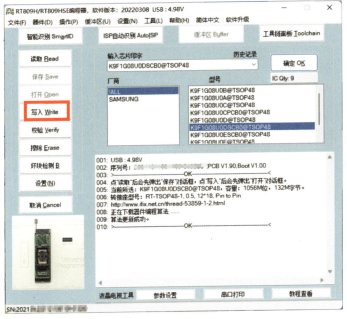

图 8-9 点击左边的"写入"

第二步 打开将要写入的数据,如图 8-10 所示。

图 8-10 打开将要写入的数据

🎵 **第三步** 静静等待，直到下面进度条走完，同时要红色框下面显示"OK"，如图 8-11 所示。

图 8-11 等待进度条走完

8.2 插卡刷写流程

插卡刷写一般针对带有 GPS 卡槽，导航机能开机但始终处于卡标状态或者反复重启状态，可以选择将完好的数据拷贝到内存卡中进行刷写。如图 8-12 所示为卡标无法进入系统状态。

🎵 **第一步** 准备一张 4G 或 8G 的内存卡，如图 8-13 所示。

🎵 **第二步** 将内存卡中的数据格式化，保证卡是空白卡，如图 8-14 所示。

图 8-12 卡标无法进入系统状态

图 8-13 4G 或 8G 的内存卡

第三步 将要刷写的新数据拷贝至准备好的空白卡中。注意：不能在卡里建文件夹。如图 8-15 所示为拷贝至空白卡中的数据。

图 8-14 将内存卡中的数据格式化

第四步 将拷贝好的数据内存卡插入 GPS 卡插槽（图 8-16），然后给导航机通上电源，系统将会直动进入刷写界面，按照屏幕显示操作即可完成刷写。

AppUpdata	2012/12/29 16:33	配置设置	1 KB
EBOOT.nb0	2016/12/27 15:05	NB0 文件	512 KB
IPL	2013/10/14 10:40	文件	32 KB
logo	2012/6/5 11:27	BMP 图片文件	751 KB
NANDINFO	2014/2/22 13:31	文件	35 KB
NEboot.bin	2016/12/27 16:49	BIN 文件	1 KB
PAIRPAGE	2013/9/24 12:21	文件	12 KB
PARTINFO	2013/9/24 12:21	文件	1 KB
ReadMe	2016/12/27 16:50	文本文档	1 KB
ROM.bin	2013/9/24 12:21	BIN 文件	12 KB
RTK.bin	2013/9/24 12:21	BIN 文件	683 KB
UPD	2013/10/14 10:40	文件	32 KB
XHD_App	2016/12/27 18:40	360压缩 CAB 文件	17,844 KB
xip.bin	2016/12/27 15:29	BIN 文件	34,806 KB

图 8-15　拷贝至空白卡中的数据

图 8-16　将拷贝好的数据内存卡插入 GPS 卡插槽

第 8 章　导航机数据刷写

155

第 9 章

导航常见故障维修思路及处理方法

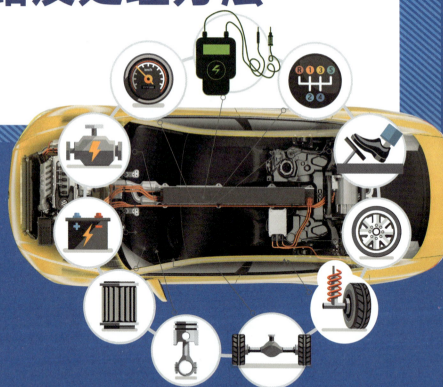

9.1 维修不开机：5状态+1条件

不开机有5种状态，可通过开机电流来判断主机处于哪种状态，主要分为：

① 无电流状态下不开机；
② 关机状态下不开机；
③ 待机状态下不开机；
④ 已经处于开机状态但黑屏不显示；
⑤ 大电流状态下不开机。

如图9-1所示为5种状态下的电流轴。

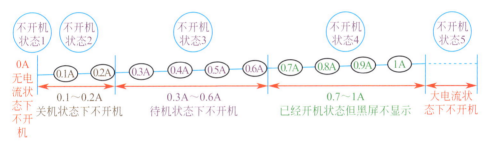

图9-1 5种状态下的电流轴

9.1.1 无电流状态下不开机

无电流状态下不开机，很大程度是因为大电流后熔丝开路，或者是线路开路导致的，通电的过程中一点电流也没有。

故障重点检查位置：

① 主供电熔丝（是否熔断）；
② MCU（是否没有供电）；
③ MCU（是否已经损坏）。

案例 1

不开机，电流为0mA，拆开后有明显烧糊的地方，如图9-2所示。

图 9-2　无电流状态下不开机（主板损坏）

🎵 **处理方法**　拆掉电感和电容可以明显看到烧糊的地方，同时电感主板的一个脚已烧断，初步测量后判断是常供电电路出现问题，考虑到其除了给旁边的电源芯片供电外，还会给功放芯片供电，因此测量电源芯片，没有短路，说明该故障是功放芯片内部断路导致，重新处理主板并更换功放芯片，正常开机，如图 9-3 所示。

案例 2

不开机，电流为 0mA，拆开导航机后内部若有打胶的地方需重点检查附近元件，如图 9-4 所示。

🎵 **处理方法**　电感线圈损坏，更换后故障排除。

9.1.2　关机状态下不开机

ACC 无作用，测试方法：给 ACC 通电的过程中，电流没有任何变化。

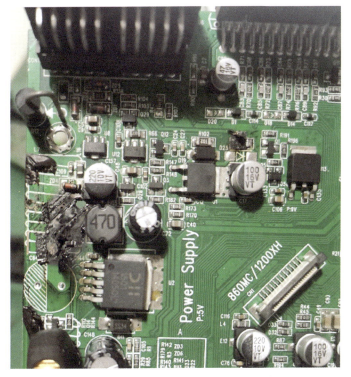

图 9-3　无电流状态下不开机（主板修复）

图 9-4　无电流状态下不开机（拆开检查）

故障重点检查位置：

❶ ACC 到 MCU 之间的供电电路；

❷ MCU 硬件或程序。

9.1.3 待机状态下不开机

待机状态下即 ACC 已经工作，但是按面板按键无反应，没办法开机，同时也说明 ACC 工作正常，CPU 部分工作正常。

故障重点检查位置：面板开关按键到 MCU 之间。

9.1.4 已经处于开机状态但黑屏不显示

主机已经开机，但是黑屏，这种情况一般都是由 MCU 到导航板之间的通信问题导致的。

故障重点检查位置：

❶ 导航板（是否虚焊）；

❷ 导航板供电（是否正常）；

❸ 主开关电源（是否没有工作）；

❹ 背光电路。

案例 1

方易通 5000 导航机，不开机，开机电流为 475mA，如图 9-5 所示。

处理方法 加焊导航板，故障排除，如图 9-6 所示。

案例 2

开机电流为 500～600mA，能听到机芯工作声音，但显示屏黑屏。

分析：上电测量背光输出电压为 5.41V，正常一般在 10V 左右，问题出在升压电路，如图 9-7 所示。

图 9-5　方易通 5000 导航机不开机（故障前）

图 9-6　方易通 5000 导航机不开机（故障排除）

图 9-7　上电测量背光输出电压

🎵 **处理方法** 更换 6 脚升压芯片（QMH1），故障排除，如图 9-8 所示。

图 9-8 更换 6 脚升压芯片（QMH1）

9.1.5 大电流状态下不开机

大电流状态下不开机，主要是电源供电短路导致的，电流般都在 1A 以上。

故障重点检查位置：

❶ 功放（是否短路）；

❷ 大电容；

❸ 瞬态二极管。

9.1.6 MCU 正常开机工作的条件

❶ MCU 工作电压正常。

❷ 晶体正常起振。

❸ 复位电路正常。
❹ ACC 开机电路正常。
❺ 开机键完好。

9.2　导航没声音

主要分为三个部分检查：
第一，检查功放；
第二，检查功放芯片；
第三，检查静音部分。

9.2.1　功放导致无声音

功放无声音，4 组喇叭（8 条喇叭线）处于不同状态。

❶ 8 条喇叭线电压均为电源供电的一半，但是没有声音。此现象功放已被静音，重点检修功放静音部分。

❷ 8 根喇叭线电压高低不等。此现象为功放已损坏或者输入电源有直流电输入，重点排查功放和输入耦合电容。

❸ 8 根喇叭线全无电压输出。主要有两种情况：第一，功放没有供电；第二，基准电压是否为 6V。

9.2.2　功放芯片部分导致无声音

❶ 功放芯片 4 组输出电压均为 4 ~ 4.5V，正常，但是没有声音。对于这种情况，主要检修 CPU 到功放芯片之间的数据线。

❷ 功放芯片 4 组输出电压低于 4V。为供电不足导致或者没有供电。

❸ 功放芯片 4 组输出电压不等。一般为功放芯片损坏。

9.2.3　静音部分导致无声音

静音线路主要由部分三极管和电阻组成。

9.3 导航没图像

9.3.1 如果保险与外壳短路

❶ 检查瞬态二极管。
❷ 功放芯片损坏。

9.3.2 如果保险与外壳不短路

❶ 检查电容。
❷ 接常电源短路或者接 ACC 短路，检查电源芯片输出后面的芯片是否短路。

9.4 漏电

9.4.1 漏电但可以开机

接上电源后等待 10min，用手摸芯片，芯片发烫说明其在工作。一般功放芯片容易导致漏电，重点检查常电源脚和静音脚。

9.4.2 漏电同时不开机

❶ 一般为电源芯片不受控制。
❷ MCU 内部短路。一般会导致不开机，因为 MCU 供常电源。

9.5 白屏

9.5.1 白屏有声音

故障出在显示芯片部分。有声音说明系统工作正常，导航板有视频信号输出,问题出现在处理图像部分或液晶屏供电部分或者液晶屏本身损坏。

① 1.8V 和 3.3V 供电电压不正常。
② 正负压。
③ 液晶屏本身损坏。
④ 导航板虚焊。

9.5.2 白屏无声音

导航模块问题。没有形成图像送到显示部分,造成显示芯片没有收到视频信号,所以没有视频输出,这种情况一般是 MCU 控制背光、导航模块虚焊或者数据损坏。

故障案例:飞歌导航开机一会红屏,一会蓝屏,一会绿屏,一会开机重启,开机电流 810mA,收音机有声音,有倒车视频,如图 9-9 所示。

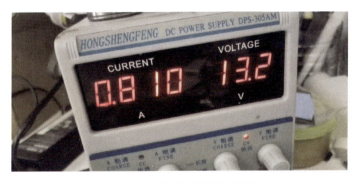

图 9-9 飞歌导航开机故障

处理方法：更换触摸屏，故障排除。

9.6 GPS 不接收卫星信号

测量 GPS 天线接口是否有 3V 左右电压：
① 如果没有电压则为模块损坏或者被腐蚀；
② 若有电压则为 GPS 天线有问题或者地图软件有问题。

9.7 导航黑屏但有声音

① 导航模块虚焊。
② 灯管损坏。
③ 背光芯片损坏。
④ CPU 虚焊。

9.8 收音机或蓝牙用不了

① 检查供电。
② 检查晶振。

❸ 导航模块虚焊。

❹ 收音机模块损坏。

故障案例：其他功能均正常，仅出现无法连接蓝牙功能，如图 9-10 所示。

图 9-10　导航蓝牙故障

处理方法　更换蓝牙芯片。

9.9　导航没有触摸或触摸偏

❶ 触摸屏损坏。

❷ 导航模块虚焊。

❸ CPU 虚焊。

❹ 测量触摸屏排线上的电压是否正常。

❺ 校屏或刷机（校屏方法：常按 GPS 键、NAVI 键或 MAP 键）。

9.10　没有倒车影像

9.10.1　换挡图像不切换

线路问题。可以将其拆下，在实验台上提供 12V 供电，若换挡图像仍不切换，则为导航机本身问题（信号会进入三极管）。

9.10.2　无信号或者灰屏

❶ 摄像头损坏。
❷ 视频切换芯片供电不正常。
❸ 视频切换芯片损坏。
❹ 导航模块虚焊。
❺ 显示芯片损坏。

9.11　导航模块搜不到卫星信号

用万用表测量 GPS 天线的电压，正常情况下应有 3V 左右电压。
❶ 如果没电压，则为机器问题。
❷ 若电压正常，则为软件问题或者 GPS 天线问题。

9.12　导航所有按键失效

❶ 软件版本错误。
❷ 电阻损坏。
❸ 排线故障或焊点虚脱。
❹ 排线卡腐蚀。

附 录

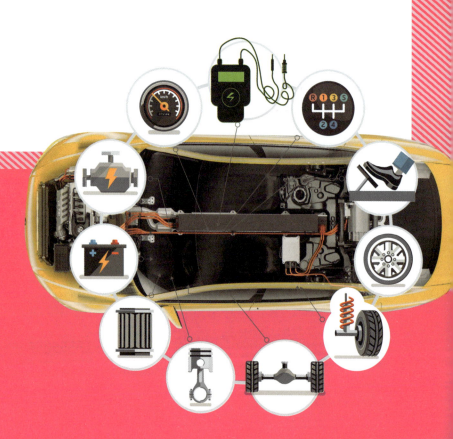

附录

1. 型号标注

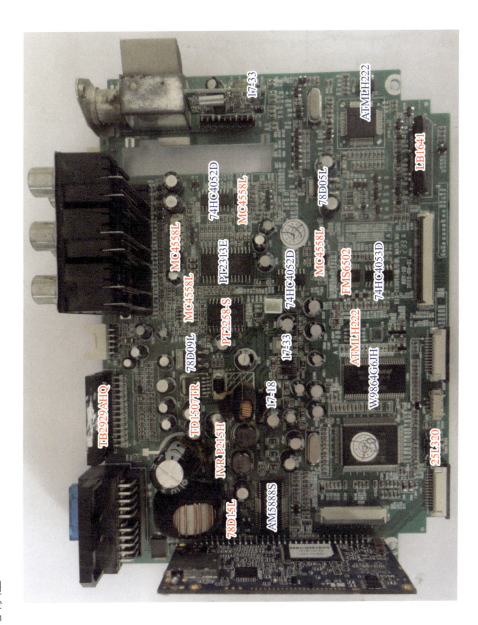

2. 功能芯片说明

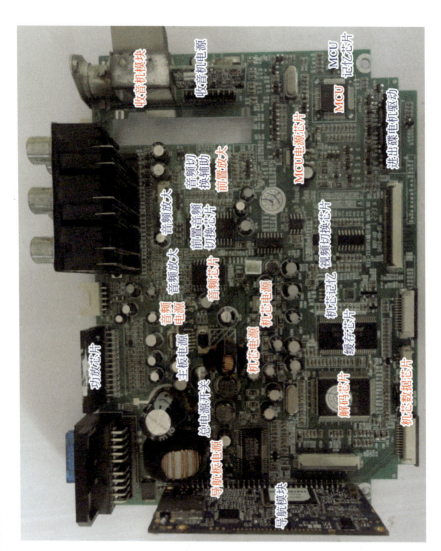

3. 型号标注

4. 功能芯片说明